JN070269

実践に役立つ
業務の効率化につながる

田中浩二 著

保育現場のICT活用ガイド

中央法規

はじめに

2019年に発生した新型コロナウイルス感染症の感染拡大は、私たちの生活を一変させました。不要な外出を控えたり、人の密集を避けるなど、生活上のさまざまな場面で制限を要しました。それは保育現場でも例外ではありませんでした。しかし、この状況は必ずしも負の影響ばかりではありませんでした。その一つが保育現場でのICT（Information and Communication Technology；情報通信技術）の普及でした。これまでなかなか進まなかった教育現場や保育現場でICT化が一気に加速された期間でもありました。

そして2023年5月、新型コロナウイルス感染症は、感染症の予防及び感染症の患者に対する医療に関する法律（感染症法）の5類感染症に位置づけられました。生活上の制約が緩和され、以前の状況を取り戻しつつあります。しかし、2019年の新型コロナウイルス感染症発生以前の状態に戻すのではなく、この数年間に得た新たな知識や技術、知恵を活用しながら新たな日常を目指すことが大切です。ICTについても同様で、この数年間での活用をさらに飛躍させ、保育や保育業務にICTを上手に取り入れていくことで、新たな保育や保育業務のかたちを見出すことができると信じています。

加えて、近年のAI（Artificial Intelligence；人工知能）の進化はめざましいものがあります。最近、話題に上がることも多いChat GPTもAIの一種です。多くの仕事がICTやAIに取って代わられることが予測されるなか、保育の仕事は人間でなければ行えないとされています。しかし、保育に関するすべての行為が人間でなければ行えないわけではなく、ICTやAIを活用するほうが効果的な場面もあります。「何を人間が行うべきか」、そして「何にICTやAIを活用するのか」「何をICTやAIに委ねるのか」を吟味しながらICTやAIを導入することが、人間とICTやAIが共存するうえで大切になるのではないでしょうか。本書が、保育のなかでの上手なICTとのかかわり方を考える一助になることを願っています。

最後に、本書の出版の機会を与えていただき、企画段階からご尽力いただいた中央法規出版の平林敦史氏と星野雪絵氏には心より感謝申し上げます。

2023年8月

田中浩二

実践に役立つ・業務の効率化につながる

保育現場のICT活用ガイド

CONTENTS

第4章　保育の実践からみたICTの活用

第6章　保育学生のICT活用術

1

ICTと保育現場の現状

1 コロナ禍におけるICTの活用

感染予防と保育を両立させる試み

2019年に発生した新型コロナウイルス感染症は、瞬く間に世界中に広がり、社会に大きな影響を及ぼすこととなりました。保育所や幼稚園、認定こども園（以下、園）などの幼児教育・保育（以下、保育）の現場も例外ではなく、それまで当たり前に行われていたことができなくなるなど、保育者の仕事や子どもたちの園での生活は一変してしまいました。新型コロナウイルス感染症の発生当初は多くの園が臨時休園や登園自粛を要請するなどの対応をしていましたが、当然のことながらそれを長く続けることはできず、感染予防と保育を両立させるための試行錯誤が始まりました。

しかし、新型コロナウイルス感染症の予防対策では人の集まりを避けることが重視されたため、同じ空間、同じ時間をともに過ごす集団生活が土台になっている園で予防と保育の両立を図ることは困難を極めました。加えて、感染を警戒して登園を控えたり、感染などにより自宅療養や自宅待機が求められるなど、子どもたちの集団そのものが形成できなくなっていました。また、保護者とのコミュニケーション、保育者同士の連絡・連携、研修への参加など、人とのかかわりが基礎となっている保育者業務も成立しづらい状況でした。事実、多くの研修が中止になり、数多くの学びの機会が失われていました。

ICTの必要性が高まる

感染予防と保育の両立を目指すなかで強力な武器となったのが、ICT（Information and Communication Technology）でした。ICTそのものは新型コロナウイルス感染症発生以前からも活用されてはいましたが、保育者業務の省力化・効率化を目的として活用しているものや先駆的に保育へ活用しているものなど、限定的かつ局所的でした。しかし、制限や制約があるなかでも、保育の質を今までと同じように、あるいはさらに高めようとする保育者の思いは、保育現場でのICT活用の必要性を急激に高める結果となりました。実際の保育現場でどのような使われ方がなされたのかという具体例や個別の活用法などは第3章以降で紹介していきますが、いずれにしても、ICTを活用したり、工夫した活用を検討することは、保育者の業務や保育のあり方に変化をもたらしました。

また、新型コロナウイルス感染症は大学・短期大学など学校の様相も一変させました。保育士や幼稚園教諭を育成する養成校では、通常であれば実技や演習を伴う授業を行い、卒業までに数回の実習も行います。しかし、授業はオンラインを用いた遠隔授業となり、教室に集まることもできなければ、友人らと保育の技術を磨く機会も失われました。また、実習として園に入り、子どもたちと同じ空間で時間をともにすることもできなくなりました。

そのような状況においても資格・免許取得のための歩みを止めることはできないため、通常の講義はもちろん、演習や実技、さらには実習に代わる授業でもさまざまな工夫がなされました。その工夫にもICTが大きく貢献しました。社会的なICTインフラが整備されたことによって手軽な動画配信が可能になり、インターネットを介したオンライン会議システムなどを用いることで多人数対象の講義はもとより、グループ活動や個別指導も可能になりました。対面でやりとりをするよさは当然のことながらありつつも、ICTを活用した授業が行われたことで新たな学びの形も生まれました。

いずれにしても、新型コロナウイルス感染症は私たちの生活に多くの制限や制約を強いることになった一方で、保育現場や教育現場にICTの普及をもたらしました。特に保育現場ではこれまでICTの普及がなかなか進まなかった実態があり、これを好機と捉え、新たな展開へと進んでいきたいものです。

2 現場の声と課題

ICT活用で大切なこと

保育現場でICTを活用しようとしたとき、実にさまざまな意見が挙がってきます。たとえば、「子どもたちの活動にICT機器を導入したことで、子どもたちの興味や関心が広がった」「書類作成のためにICTを活用することで負担が減った」「メールなどの一斉配信システムを導入して、保護者への連絡が手軽になった」といった活用に対してのポジティブな感想や意見がある一方で、「乳幼児期にはスマートフォンなどのICT機器からは遠ざけたい」「子どもがICT機器を使うことは好ましくない」、あるいは「パソコンなどで文字を書くと温かみが伝わらない」「そもそもパソコンなどに慣れていない、使い方がわからない」といったネガティブな意見もあります。

ここでどちらの意見が正しいかの議論はしませんが、ICTの活用において大切なことがあります。それは、「有効に使う」ことです。ICTやICT機器はあくまでも一つの道具であり、その道具を使うことが目的ではないということです。万が一にも道具を使うことを目的としてしまったら、使うことによるメリット（利点、利益）や、メリットと表裏をなすデメリット（欠点、課題、問題など）を見過ごすことにもつながりかねないでしょう。

メリットとデメリット

道具に限らずですが、物事にはメリットとデメリットがあります。多くの場合、メリットに目を向けて活用を決断しますが、当然のことながらデメリットを把握しておくことも大切です。その上で、メリットとデメリットを天秤にかけて、メリットが上回る、あるいはメリットを享受したいと感じたときに使用・活用することが大切です。

十分なメリットを感じることができない、デメリットを回避したいということであれば、もちろん「使わない」という選択肢もあります。そのとき、単に使わないという選択肢だけでなく、デメリットを回避、もしくは低減させる方法も併せて考えてみたいものです。それでもデメリットを回避・低減できなかったり、活用することに意義や利点を見出せないのであれば使わないこともあり得るでしょう。

目的に応じて使う

ICT活用においてもう一つ大切なことは、「正しく使う」ことです。ICT機器は正しく使えば非常に便利な道具になり得るとともに、さまざまな活動の広がりの可能性をもっています。しかし、使い方を誤ると害にもなります。たとえば、子どもにスマートフォン（以下、スマホ）を渡してゲームをさせる、動画を見せておけば静かになるからと長時間使用させる、といった使い方です。もちろん、これは正しい使い方とはいえません。保護者にとっては便利な活用法かもしれませんが、スマホを使う子どもにとっては間違った使い方となってしまいます。

乳幼児期のICT機器使用に関する功罪については意見が分かれるところではありますが、たとえば世界保健機関（WHO）では、「身体活動・座位行動ガイドライン」において、子どもが座った状態でスマホやタブレット・パソコン（以下、タブレット）の画面を一定時間以上見続けることを避けるべきだとしています。ICTに限らずすべての道具にいえることですが、目的をしっかりと吟味して、先述の有効性も考慮しながら道具本来の機能や役割を十分に発揮できるようにすることが大切です。

保育現場でICTを活用していくためには、ICTやICT機器が手段であり道具だということを念頭に置き、導入することや使うことが目的になってしまわないようにすることが大切です。同時に、有効かつ正しく使うためにはルール作りやリテラシーも必要です。そして、特に保育実践で子どもに向けた活用を考える際には、「○○のICT機器を使ったら△△ができるかもしれない」といった想像力も求められます。

3 今後の使われ方

効率化と可能性

コロナ禍が保育現場へのICTの普及や活用促進を後押ししたことは先ほど触れたとおりですが、従来の活用も含めて、ICTを活用する方向性は大きく二つあります。

一つは、これまでの代表的なICT活用法にみられる保育者の業務支援や負担軽減を目的とした活用です。たとえば、計画や記録といった書類の作成や園児の登降園管理、保護者への連絡などです。保育者は日々、書類作成等に追われ、子どもと向き合う時間の確保もままならない状況のなかで、それらの業務を効率化し、保育者の保育に対する本来の思いを達成していこうとする活用の方向性です。

もう一つは、子どもに向けた活用です。こちらについてはまだまだ試行段階、途上段階の感はありますが、ICTの導入は、子どもたちの新たな活動の創生や活動の幅を広げ、さまざまなことに対する興味・関心を深めるきっかけにもなる可能性を秘めています。この点については、今後、保育者の創意工夫が大切になってくるところです。

保育現場のDX

ICT活用についての大きな二つの方向性を示したところで、さらなる今後の展開について、期待も込めて少し考えてみます。「DX」という言葉をご存知でしょうか。近年、ITやICTを積極的に導入している企業などでしばしば用いられる概念です。DXとは、デジタル・トランスフォーメーション（Digital Transformation）、つまりデジタル技術によって人々の生活をよい方向に変容させるという考え方であり、ウメオ大学（スウェーデン）のエリック・ストルターマンによって提唱されました。経済産業省もDXの推進を強調しており、「DX推進ガイドライン」において、「企業がビジネス環境の激しい変化に対応し、データとデジタル技術を活用して、顧客や社会のニーズを基に、製品やサービス、ビジネスモデルを変革するとともに、業務そのものや、組織、プロセス、企業文化・風土を変革し、競争上の優位性を確立すること」と定義しています。経済産業省が定義する文脈では、ビジネスとしての企業競争力を高めるための狭義のDXですが、ストルターマンの定義する社会全体の変容を捉えた広義のDXは保育にも十分に援用できる考え方です。

それでは、保育現場のDXとした場合、何をどのように目指すことができるのかを考えてみましょう。DXを推進しようとしたとき、IT化やICT化は不可欠な要素であるとともに一つのプロセスになります。保育現場にITやICTを導入することによって、これまでアナログ的に行われていたことがデジタル化されます。デジタル化によって情報が蓄積されやすくなると同時に、業務そのものも効率化されていきます。ここでの業務は保育者が子どもと向き合う以外の書類作成等の業務を想定していますが、それらの業務が効率化されると子どもと向き合える時間が確保しやすくなり、保育者の「子どもたちと向き合いたい」という思いを達成することにつながります。現在、積極的にIT化やICT化を進めている園では、このことを目的にしている場合が多いでしょう。

業務の効率化により、保育者にとってよりよい形で仕事の仕方が変容した点は、一つのDXの姿と捉えることができます。しかし、保育現場のDXはそこに留まりません。保育実践に関する情報や子どもに関する情報の蓄積は、保育の最適性を吟味・検討する有益な情報となります。これらの情報を吟味・検討した結果、もしかしたら今までの保育の常識が覆される可能性もあります。これは決して悪い意味ではありません。それぞれの園で大切にしていること、保育者の思い、個々の子どもの育ち、子どもに対する保護者の願いなどを形にしようとしたとき、そしてそれらの情報が蓄積され可視化されたとき、今までとは違った保育の姿が見出されるかもしれません。新たな保育の姿への変容によって、子どもたちや保護者、そして保育者にとって保育がよりよいものになるのであれば、保育現場のDXが進展していくのではないでしょうか。

ICTを理解・活用するための基礎知識

1 ITとICT

人と人がつながる

本書で扱う「ICT」という用語について紹介しておきます。「ICT」とは、インフォメーション・コミュニケーション・テクノロジー（Information and Communication Technology）の略であり、情報通信技術と訳されます。ICTと似た言葉として、「IT（情報技術、Information Technology）」があります。両者の違いにはさまざまな見解がありますが、おおむねITは情報技術そのもの、具体的にはコンピューター（以下、パソコン）や、パソコンを動かすためのソフトウェア（アプリケーション、アプリともいいます）を中心として、情報をデータとして作成、処理、保存するなどの技術を指します。情報技術そのものは古くから存在していますが、半導体技術の向上やMicrosoftのWindowsなどに代表される利便性の高いソフトウェアの開発により、急速にパソコンが私たちの生活に身近なものとなり、今から20年ほど前の一家に1台から、一人1台の時代となっていきました。

ITは、インターネットなどの通信技術の発展を受け、ホームページなどを介して情報を発信するようになりました。その後、パソコンはもちろん、タブレットやスマホなどの情報通信機器の進化・普及により、双方向での情報交換・交流が一般化していきました。このように、情報技術と通信技術を用いて人と人がつながる技術のことをICTといいます。

このように見ると、ICTはITを含む概念として捉えられますが、今日では、ICTとITはほぼ同義として扱われているため、本書でもICTという用語を用います。

2 ICTを活用するための環境

ICTを活用するためには、ICT環境を整える必要があります。主にパソコンなどの情報通信機器であるハードウェア、そして目的に応じて情報通信機器に導入するソフトウェア、情報通信のためのネットワーク環境が必要になります。それぞれについて紹介します。

ハードウェア

ICTを活用する際に必要となる情報通信機器等のことを、ハードウェアと呼びます。

ハードウェア（Hardware）とは、パソコン本体や、パソコンに付随・関連する周辺機器を指します。ICT活用の基盤となるハードウェアは、もちろんパソコン本体になりますが、他にもタブレットやスマホも効率的な活用には有効です。パソコンやタブレット、スマホなどデータを扱う利用者側の機器を端末といいます。パソコン等の端末に対する主な周辺機器としては、プリンターやスキャナ、デジタルカメラ・ビデオがありますが、これらもハードウェアです。加えて、ICTで何をするのかにもよりますが、必要に応じて、大型のモニターやプロジェクター、デジタルカメラ、ファイバースコープカメラなどのハードウェアを備えるとICT活用の幅も広がります。

ソフトウェア

ソフトウェア（Software）とは、パソコンを動かすため、あるいは何らかの目的に沿った作業を行うためのプログラムを指します。パソコン本体だけでは何もできないどころか、動きもしません。パソコンを動かすためには、動かすためのプログラムが必要であり、このプログラムのことをソフトウェアあるいはアプリケーション、アプリといいます。代表的なものとして、Windows（Microsoft）やmacOS（Apple）などがあります。さらには、Microsoft Edge（Microsoft）やGoogle Chrome（Google）、Safari（Apple）といったホームページなどのWebサイトを見るためのウェブブラウザ（Web browser、インターネットブラウザやブラウザともいいます）や、文書を作成したり編集するワープロソフトとしてMicrosoft Word（Microsoft）やPages（Apple）、一太郎（ジャストシステム）、表計算を行うためのソフトとしてMicrosoft Excel（Microsoft）やNumbers（Apple）など、目的に応じてさまざまなソフトウェアが開発されています（表2-1）。

保育現場でICTを活用していく際には、目的に応じたソフトウェアを入手する必要があり、費用については無償（無料）で提供されているものもあれば、数千円から数十万円のものもあります。ソフトウェアを導入する際には、ICTで何をしたいのか、また費用面も含めて十分に吟味することが大切です。

表2-1　さまざまなソフトウェア

種別（目的）	ソフトウェアの例	提供企業など
Webサイト閲覧のためのウェブブラウザ	Microsoft Edge	Microsoft
	Google Chrome	Google
	Safari	Apple
	Mozilla Firefox	Mozilla Foundation
ワープロソフト（文書作成編集）	Microsoft Word	Microsoft
	Pages	Apple
	一太郎	ジャストシステム
	Kingsoft Writer	キングソフト
表計算ソフト	Microsoft Excel	Microsoft
	Numbers	Apple
	WPS Spreadsheets	キングソフト
プレゼンテーションソフト	Microsoft PowerPoint	Microsoft
	Libre Office Impress	The Document Foundation
	Keynote	Apple
グラフィックソフト（画像編集・加工）	Adobe Photoshop	Adobe
	Photo Editor	Microsoft
	Luminar	Skylum Software
動画編集ソフト	Power Firector	Cyber Link
	Adobe Premiere Pro	Adobe
	DaVinci Resolve	Blackmagic
PDF作成・編集ソフト	Adobe Acrobat	Adobe
	Cube PDF (Utility)	キューブ・ソフト
	Just PDF	ジャストシステム
	いきなりPDF	ソースネクスト

※ここで紹介している各種ソフトウェアは筆者が任意に選んだものであり、他にも多数のソフトウェアがあります。また、記載されているソフトウェアの詳細についてはメーカーや販売元にお問い合わせください。

ネットワーク環境

ネットワーク環境を構築することをネットワーク（Network）といいますが、もしネットワークがなかったとしたら、パソコンやスマホなどはそれ単体としての活用になります。つまり、1台のパソコンで文書を作り、パソコンの周辺機器として接続されたプリンターから作成した文書を印刷する、といった使い方です。このような使い方が間違っているわけではありませんし、従来はこのような使い方が主流でした。ハードウェアやソフトウェアの進化に伴う通信技術・ネットワーク技術の発展は、パソコンなどを活用した作業・行動を飛躍的に便利にしました。先述したように、通信技術・ネットワーク技術の発展がITからICTへと変化した背景にもなっています。

ネットワークのイメージ

ネットワークとは、一言でいえば、複数のパソコンやタブレット、スマホ、さらにはプリンターなどの周辺機器をつなぐことです。ネットワークは、主にはその範囲によっていくつかの種類に分かれますが、もっとも代表的なネットワークはインターネットでしょう。詳細を省いて大まかに表現すれば、インターネットは、電話などの回線や電波などを活用して世界中のパソコンやタブレット、スマホがつながれている状態です。これにより、世界中の人とメールやチャットでコミュニケーションがとれたり、世界中にあるWebサイトを見たり、Webサイトを通じてショッピングなどもできるようになっています。このことは逆の見方をすれば、インターネットを通して誰からも自分自身にアクセスされることもあるということです。これにより第三者が自身のパソコンなどのデータにアクセス・侵入したり、本来であれば秘密にしたい情報が第三者に搾取されたり流出したりするなどの問題も起きています。

インターネットが世界中をつないでいるのに対して、自宅内や組織内など一定の範囲のみでパソコンなどをつなぐネットワークとしてラン（Lan（Local Area Network））やイントラネット（Intranet）があります。外部からの侵入を防ぐためのセキュリティ構築などの対策は不可欠ですが、これらのネットワークは範囲が限られるため、複数のパソコンでプリンターなどの周辺機器やデータを共有する上で有効なネットワークといえます。

3 クラウドのしくみ

記録媒体のリスク

パソコンなどで作成した書類や撮影した写真や動画は、パソコン本体のハードディスク（HDD）やメモリーカード、USBフラッシュメモリ（以下、USBメモリ）、CD、DVDなどの記録媒体（ストレージ、記憶媒体ともいいます）に保存しておく必要があります。詳細は省きますが、それぞれの記録媒体には、磁気を用いるか半導体を用いるかなどによるデータ保存方式はもちろんのこと、データを保存できる容量や、データを書き込んだり読み込んだりする速度など、種々の特徴があります。近年では小型軽量でも膨大なデータを保存できる記録媒体もありますが、持ち運びしやすいが故に紛失のリスクもあわせもっています。

また、記録媒体に保存しているデータの受け渡しをする際には、記録媒体そのもののやりとりが必要になる煩わしさもあります。加えて、記録媒体に保存されるデータは、時として一瞬で保存したデータが消えてしまうというリスクもあります。このような記録媒体にまつわる煩わしさやリスクを解消する手段として、クラウド・コンピューティングサービス（Cloud Computing Service）があります。一般的にはクラウドと呼ばれ、データの保存場所としてご存知の方もいるのではないでしょうか。

クラウドとは

クラウドを用いることで、先のデータ保存や共有が非常に便利になるとともに、この機能を上手に利活用することで保育者業務の効率化・省力化を可能にしたり、保育の新たな可能性を見出すことになります。ここでは、クラウドとは一体何かについて紹介します。

前項で紹介したように、ICTを活用するためには、ハードウェアとソフトウェア、そしてネットワーク環境が不可欠です。これらに加えて、クラウドを用いることがICT活用の向上につながると同時に、現在、数多くのICTサービスでクラウドが活用されています。

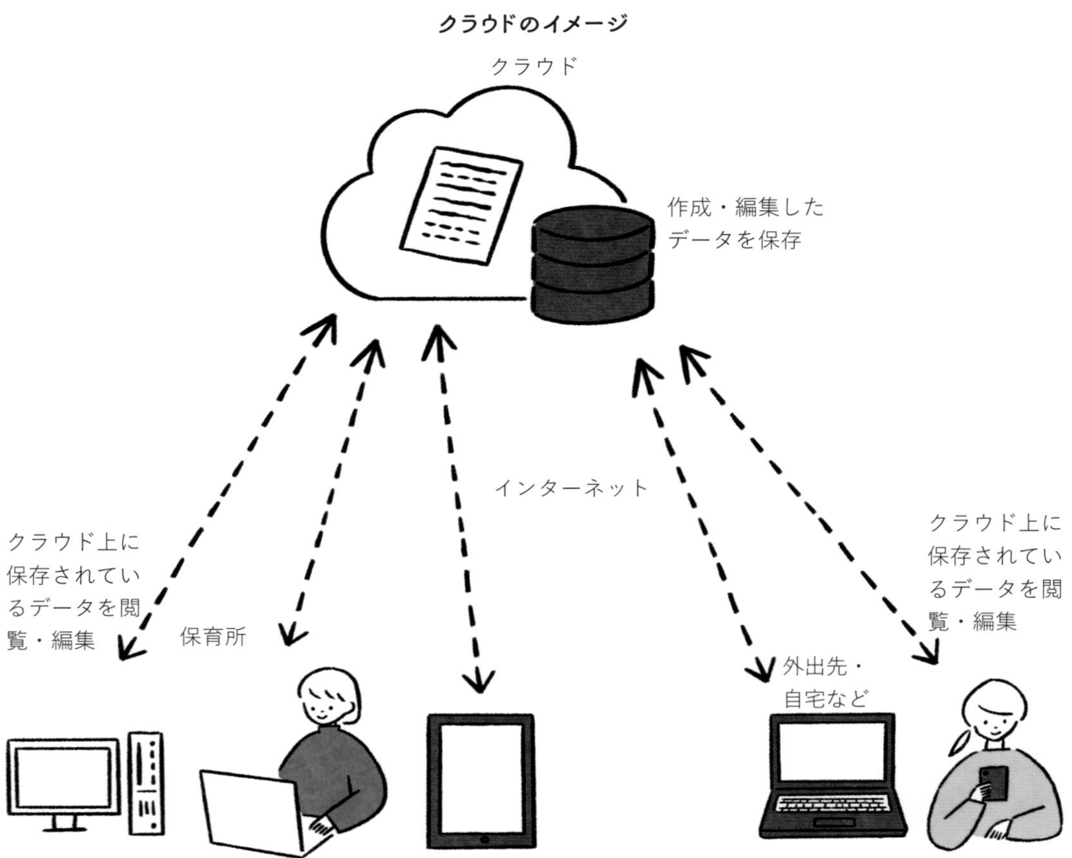

クラウド、正確にはクラウド·コンピューティングサービス（以下、クラウドサービス）とは、実際に存在する個々のパソコンやスマホから主にはインターネットを介して、クラウドサービスを提供する企業が所有する巨大なコンピューター（サーバー、クラウドサーバーといいます）に接続して、そこにデータを保存したり、そこにあるソフトウェアを活用することができるしくみのことを指します。実際には、そのサーバー、つまり巨大なコンピューターがどこにあるのかは把握することはできないため、実態が掴めず雲のような存在であることから、「雲」を意味する「クラウド」と呼ばれています。

それでは、保育現場で有効だと考えられるクラウド機能を紹介します。

クラウド・ストレージ・サービス

クラウドを用いてできることの一つにクラウド・ストレージ・サービスがあります。クラウド・ストレージ・サービスは、クラウドサービス機能の一つであるIaaS（イアースまたはアイアース、Infrastructure as a Service）と呼ばれる、インターネット経由でハードウェア機能を提供するサービスの一部です。

パソコンで作成した文書やスマホやデジタルカメラなどで撮影した写真や動画は、パソコン本体のハードディスクやパソコン外部の外付けハードディスク、メモリーカード、USBメモリなどの記録媒体に保存します。しかし、大量の文書を作成したり、最近のデジタルカメラなどで撮影した写真や動画は高画質でデータが非常に大きいため、パソコン本体のハードディスクがいっぱいになったり、外部の記録媒体では容量が不十分になってしまうことがあります。

クラウド・ストレージ・サービスを使うと、パソコン本体やスマホ本体に保存することなく、企業の所有する巨大なコンピューター、いわゆるクラウド上に保存することができます。もちろん、パソコン本体に保存しておくこともできます。

クラウドのメリット

クラウド・ストレージ・サービスの利用には他にも利点があります。クラウド上に保存されたデータは、インターネットに接続されたパソコンやタブレット、スマホなどがあれば、いつでも、どこからでも閲覧、編集することができます。クラウドに入るためのID（識別名）とパスワードを知っておけばクラウド上の情報に誰でもアクセスでき、データを共有することができます。つまり、パソコンなどの端末とインターネット環境さえあれば、パソコンが設置してある以外の場所でも作業（作成・編集・閲覧など）をすることができるのです。これは必ずしも園内と園外を指しているわけではなく、園内であったとしてもインターネット環境が整っていればどこでも作業をすることが可能になるのです。

この機能を活用することで、第3章以降の活用方法でも触れますが、会議資料のデータを職員間で共有したり、発表会や運動会などの行事の動画を保護者に発信することができるようになります。

さらに、安心できるデータの保存場所としても有効です。パソコン本体やスマホ本体、さらにはハードディスクやUSBメモリなどの記録媒体はいずれも物ですから、不具合を起こしたり、壊れたりすることがあります。また作業は人間が行うことですから誤った使い方をしてデータを消失させてしまうこともあります。その点において、クラウドに保存しておくことで、万が一パソコン本体や記録媒体が壊れたり、思いがけずデータが消失したとしても、クラウド上に保存しておくことでデータの消失を防ぐことができます。これは、災害時の危機管理対策としても効果を発揮します。人災天災によってパソコンが使用不能になったとしても、クラウド上のデータは残り、被害を少なくすることにつながります。

SaaS

SaaS（サース）とは、Software as a Serviceの略で、クラウドサービス企業が、インターネットを経由してソフトウェアを提供するサービスです。もう少しわかりやすく表現すると、オンライン（インターネットに接続されている状態）で使用できるソフトウェアです。Microsoft Teams（Microsoft）をはじめとして、オンラインのカレンダーなどもSaaSに該当します。SaaSの最大の利点は、パソコンなどの端末にソフトウェアを導入していなくても、インターネット経由でソフトウェアを使うことができることです。同時に、常に最新のソフトウェアを使用できることも大きな利点です。

クラウドサービスを提供している企業

いざクラウドサービスを利用しようと思っても、どの企業のクラウドサービスを使ったらよいかわからず、頭を悩ませてしまうかもしれません。

保育現場での活用を視野に入れたときには、基本的には、費用やどのようなサービスが提供されているかが重要なポイントになってくるでしょう。世界三大クラウドサービスとして、Microsoft、Amazon、Googleが挙げられます。クラウド・ストレージ・サービスなど企業間で共通する機能や、ICT関連の専門職や技術者が用いる機能はともかくとして、たとえば、Microsoftのクラウドサービスであれば、パソコン業務で比較的使用頻度の高いMicrosoft Office（Microsoft）などとの連携・使用が魅力です。Amazonであれば、幅広い動画・画像のコンテンツ配信が魅力です。GoogleもMicrosoftと同様に、日常での使用頻度の高いソフトウェアとの連携が可能になるため、使い勝手のよさなどが魅力といえるでしょう。クラウドサービスを提供している企業は他にも多く存在しているため、実際に導入する際には、それぞれの特徴などを比較しながら、最も有効に活用できるサービスを選択したいものです（表2-2）。

もう一点、どのクラウドサービスを選択するかの注意点として、クラウドサービス提供企業のセキュリティ対策と企業やサービスの継続性に関して触れておきます。これらに関しては、専門家でなければなかなか実態を把握しづらいところですが、セキュリティ対策や継続性に不安があると、先に紹介したクラウドサービスを使うことによる利点が存在しなくなります。わからない場合には専門家に聞いたり、さまざまなWebサイトでも情報を得ることもできますので可能な限り確認しておきましょう。

表2-2 **クラウド・ストレージ・サービスの比較**

サービス名	提供企業など	その他
One Drive	Microsoft	Microsoft365を購入することで、日常的に用いる頻度の高いWordやExcelなどのソフトウェアと併用して使用することができる。
Google Drive	Google	Google Workspaceを購入することで、Googleが提供する各種のサービスやソフトウェアを連携して活用することができる。
Amazon Drive	Amazon	Amazonプライム会員になることで、豊富な映像や音楽も活用することができる。 ※Amazon Driveは2023年12月31日に終了予定。
Dropbox	Dropbox	クラウド・ストレージ・サービスに特化しており、非常にシンプルに活用することができる。

※ストレージとして使用できる容量および価格はそれぞれ異なります。サービス名や提供企業などの情報を確認してください。

業務の
効率化からみた
ICTの活用

1 指導計画

膨大な計画数

保育所保育指針（保育指針）では、「第1章総則　3保育の計画及び評価」において、全体的な計画や指導計画を作成しなければならないとされています。指導計画は、全体的な計画に基づき作成し、長期的な指導計画と短期的な指導計画を作成することとなっています。長期的な指導計画はおおむね年間指導計画、期ごとの指導計画を指し、短期的な指導計画はおおむね月間指導計画や週間指導計画、日案（デイリープログラム）を指します。これらすべての計画を作成することは求められてはいませんが、現実的な計画作成と運用を考慮すると、全体的な計画と年間指導計画、月間指導計画、週間指導計画の組み合わせで作成するモデルが考えられます。つまり、1年間にわたって、全体的な計画が1つ、クラスごとに年間指導計画が1つ、12か月分の月間指導計画、そして52週分の週間指導計画が作成されることになり、実に400近い計画数になります（図3-1）。加えて、3歳未満児や障害のある子どもには個別指導計画が作成され、一つの保育所、幼稚園、認定こども園（以下、園）で作成される指導計画はかなりの数に上ることがわかります。

これら指導計画の作成、活用にあたって大切にしたい点を、以下で紹介します。

図3-1　指導計画の例と計画数

全体的な計画	園で1つ
年間指導計画	クラス（学年）ごとで1つ ＝6学年×1＝6
月間指導計画	クラス（学年）ごとに12か月（1年間）分 ＝6学年×12＝72
週間指導計画	クラス（学年）ごとに52週間（1年間）分 ＝6学年×52＝312

関連する指導計画間の連携

指導計画の立案において大切にしたいこととして、個々の計画が独立するのではなく、有機的に連携・連続していることです。有機的な連携・連続とは、たとえば、8月の月間指導計画は、年間指導計画で立案した8月期の内容に基づいて作成されるとともに、7月の月間指導計画との連続性を意識することです。当然のことながら年間指導計画も、子どもの発達状況の見通しや園の方針を意識して作成された全体的な計画に基づいて立案されることが大切です。このように個々の計画同士が連携し、関連をもたせることが、子どもの育ちの連続性を支えるとともに、日々の保育に一貫性をもたせることにつながっていきます。

計画に関連性や連続性をもたせることの大切さは頭では理解しているでしょうし、きっとそうしようとしていることでしょう。しかしながら、いざそれをやってみようとすると実はなかなか大変な作業になってしまいます。まず、過去の計画が綴じられているファイルを取り出し、必要な計画を見つけて参照しなければなりません。参照する計画が一つだけであればまだ可能かもしれませんが、それが複数で、しかも異なる種別の計画になってしまうと多くの手間と労力を要することになります。結果的に、記憶をたどり、季節や現在の子どもたちの様子などを素材として計画を立案し、いざ作成した各種の計画を並べてみるとそれぞれが独立した計画になってしまっていることが少なくありません。

しかし、ICTを用いることで、計画の作成や削除・保管はもとより、関連する計画を参照することが容易になります。

手書きより柔軟性が高い

まず、計画を作成するうえでの利便性について触れます。パソコンを使っての文書作成全般にいえることですが、用紙に手書きで記述するよりも柔軟性が高く、作成した文書のなかにさまざまな情報をとどめておくことができます。保育現場に特化されたICTシステムを用いる場合はともかくとして、Microsoft Word（Microsoft）やMicrosoft Excel（Microsoft）などの汎用性の高いソフトウェアを用いると、文字の大きさや色、レイアウトなどもその時々に合わせて自由に変化させることができます。文書中に情報をとどめておくには、たとえば「変更履歴」機能を用いると削除や新たに追加したことが履歴として残され、作業過程の確認が容易になります。また、「コメント」機能を用いると、文書中で気づいたことや感じたことなどをコメントとして残しておくことができます。先ほどの変更履歴機能とも併用することで、文書を繰り返し推敲しながら質を高めていく際に有用であるとともに、複数人で一つの文書を作成するときにも役立ちます（図3-2）。

データとして作成した文書の保管の利便性についてはいうまでもないでしょう。計画を紙で整理・保管する場合、複数の保管ファイルで整理することになり、1年間分だけでも数多くの保管ファイルが必要となります。一方、データで保管する場合、1台のパソコン内にすべての計画を保存することができます。また、検索や閲覧も簡便に行うことができます。加えて、複数台のパソコンが園内でのネットワークによって管理されていたり、データがクラウドに保存されていると、使用したいパソコンからいつでもデータにアクセスすることが可能になります。これによってさらに簡便に関連させたい計画を参照することができ、関連性・連続性をもたせた計画を作成する一助になります。

図3-2 変更履歴とコメントのPC画像

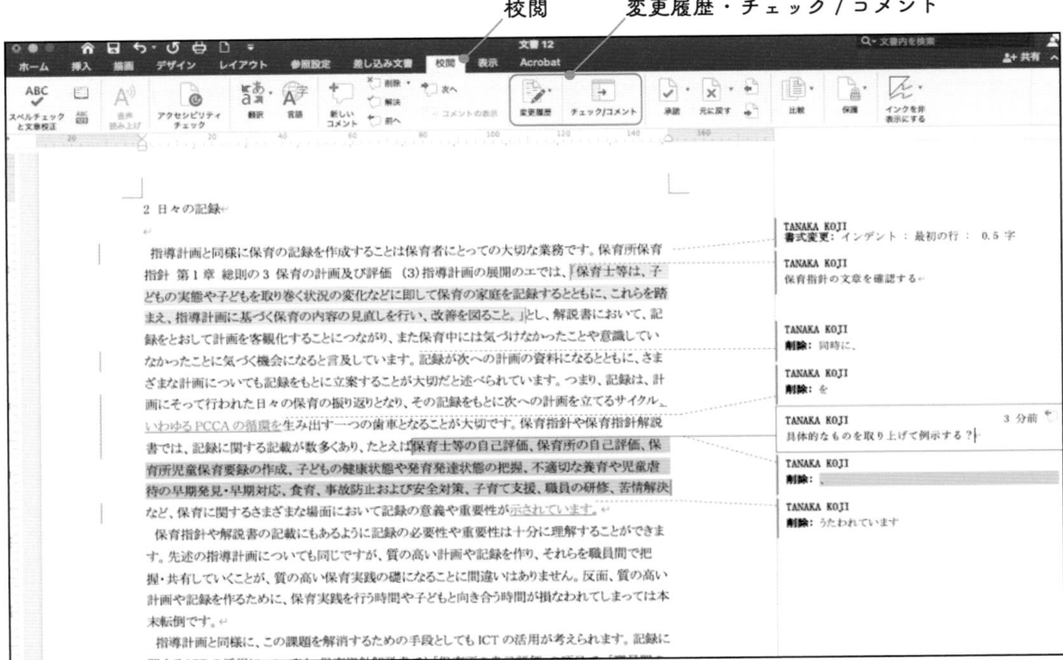

柔軟性の欠点

ICTで指導計画を作成する場合、柔軟性の高さが利点だといいましたが、時として柔軟性の高さが欠点になることもあります。たとえば、レイアウトを変更したことにより、印刷する際に一枚の用紙に収まらなくなるような場合です。他にも、自由に変化させることができるがゆえに、統一性がなくなってしまうといったこともあり得ます。このような場合には、レイアウトを固定する機能を活用することが有効です。また、Adobe Acrobat（Adobe）に代表されるPDF作成・編集ソフトを用いることで、レイアウトを完全に固定したままで、入力欄を作成した指導計画の土台を用意することも可能です（図3-3）。

図3-3 入力欄を設定したPDF指導計画の例

令和 3 年度　　5歳児 月間指導計画（ 7 月）

園長印		主任印		担任印	

子どもの姿	発想豊かな子が多く、集団での遊びや自然に触れて遊ぶ際には、自分たちで遊びを発展させて新しい遊びを作り出す姿も見られている。友だちのアイデアを「すごい！」と素直に受け入れて遊びに取り入れていくことでより遊びも深まっている。カタツムリやオタマジャクシ、またみんなで植えた夏野菜に関心を持ち、親しみを持って世話をしながら成長を楽しみにしている。	行事	2日(金) 発育測定 7日(水) 七夕 12日(月) 交通安全教室 16日(金) 避難訓練 21日(水) 誕生会 28日(水) なかよしキャンプ
保育目標	◎元気いっぱい夏の遊びを楽しむ ◎夏の生活や遊びに必要な決まりを守る	保護者支援 家庭との連携	

		ねらい及び内容（活動）	保育者の関わり・援助	環境構成
養護	生命の保持 情緒の安定	・食事、排泄、衣服の着脱、身の回りを清潔にすることなど、自分のことは自分でするよう、一人ひとりが意識を持って生活する。 ・友だちや保育士との関係を深めながら精神面を安定させていく。（おとまり保育にむけて）	・一人ひとりのペースや個人差を考慮し、個々に応じて時には手助けをし、自分でできることを増やしていく。 ・一人ひとりの表情・声・心情を敏感に感じ取り、不安を解消できるよう配慮する。	・子どもが身辺整理をしやすいように、かごを設置したり環境を整える。（かごには、何をいれるものか字や絵で表示する）
領域	健康 人間関係 環境 言葉 表現	・休息する意味がわかり、食事・運動の後は静かに休む。 ・体と食べ物の関係に関心を持つ。 ・夏の生活の仕方を身につける。 ・友だちと協調してゲームを楽しむ。 ・友だちとの関わりの中で信頼関係を持つ。 ・異年齢児と積極的に関わり、思いやりやいたわりの心を育てる。 ・身近な動植物への関心を深め、さらに親しみを持つ。 ・野菜の収穫(ゴーヤ・夏野菜)を喜び自然の恵みを感じる。 ・体験して楽しかったことを思いのままに表現したり(生活発表・絵画)工夫して描いたり作ったりすることを楽しむ。	・必要に応じて体を休める習慣が身につくようにする。 ・"食育"を通して食に関する知識を高め、食べ物と体の関係に関心を持てるよう工夫する。 ・生活や遊びの中で友だちとの関わりを積極的に持ち、関係を深められるようきっかけ作りをする。 ・身近な自然物に触れる中で、自然の不思議や恵みについて感じていけるよう、配慮する。 ・自分が体験したことや感じたことを様々な形で思いのままに表現することができるよう、必要に応じて援助する	・気温や暑さに適応した環境で快適に一日を過ごすことができるようにする。 ・遊び(ゲームなど)の際には、十分なスペースを取り、ケガや事故の内容にする。 ・稲やゴーヤの観察では、目に見えて成長のわかるもの(長さを図る・成長過程をたどるなど)を活用する。

	ねらい及び内容（活動）	保育者の関わり・援助・環境構成	週の評価・反省
第1週 7月1日（木） ～ 7月3日（土）	◎七夕飾り作りに喜んで取り組み、七夕への関心を深める ・自分で作った笹飾りの完成に喜びを感じたり、七夕の由来についてもう一度考える。 ◎植物・生き物の観察をする ・ゴーヤや夏野菜、オタマジャクシなど毎日観察し、	・笹飾りの完成の喜びを子どもたちと共感するとともに、工夫したところ、上手にできているところなど皆の前で褒め、自信へとつなげる。 ・七夕の由来について分かりやすく話をし、子どもたちの心に残るよう配慮する。 ・日々成長していく様子に目を向けられるよう、声をかける	七夕飾り作りではすいか、織姫・彦星、短冊といろいろな飾りを作ったが、作ることを楽しみながら丁寧に作り上げた。全体的に集中力もあり、決まった時間で仕上がるため、活動に変更なく進められている。活動のメリハリ(活動に集中する、並んだりトイレに行く時間を短くする、遊びの時間は思いきり楽しむ)が身についてきたことで、日々安定した流れで過ごすことができている。ケアハウスの七夕交流は今年度も新型コロナウィルスの影響により訪問は中止。七夕飾りの依頼があったので、今年は飾りとともに

データベースソフトの活用

少し高度な内容になりますが、月間指導計画や週間指導計画のように同じレイアウトの文書が複数枚にわたるようなときには、データベースソフトの活用が有効です。

たとえば、Wordで12か月分の月間指導計画を作成すると12個のファイルが作成されます。週間指導計画ともなれば1年間で52個のファイルになります。紙で保管するよりもICTを活用してデータで文書管理したほうが簡便だといっても、膨大なファイル数になってしまっては結果的に閲覧したり、参照することに手間取り、せっかくのICTの利点が十分に発揮されないままになりかねません。これを解決する方法としてデータベースソフトの活用が考えられます。

データベースとは、固定された形式のデータを蓄積する箱のようなイメージです(図3-4)。週間指導計画を例にもう少しわかりやすく紹介すると、週間指導計画の様式内では、枠内に記載するべき事項が固定されています。たとえば、「日付欄」には日付を、「ねらい欄」には保育のねらいを書くといったようにです。そして、1年間で52週分の週間指導計画が作成されると、52週分の日付やねらいが積み重ねられる状態を一つのファイルで管理する状況をイメージするとわかりやすいかもしれません。

保育現場で同様の性質をもつ文書・書類は、園児一人ひとりの情報が記載されている個人票や健康診断票、日々の記録やチェック表、給食の注文(発注)表などがあります。いずれも様式が同じで、様式内に記載すべき事柄も固定されており、個人票であれば園児の人数分の児童表が作成され、日々のチェック表であればチェックした日数分のチェック表が積み重ねられていきます。これらを紙で保管していくと膨大な枚数になりますし、データで一つひとつのファイルとして管理した場合にも大量のファイル数になってしまいます。これらの煩雑さを解消する手段として考えられるのがデータベースであり、データベースを作成・管理するためのデータベースソフトです。

代表的なデータベースソフトとしては、Microsoft Access(Microsoft)やFileMaker(Claris International)が有名です。これらのデータベースソフトを用いて、現場に即したデータベースを作成することで飛躍的にデータ管理の質が向上します。ただし、データベースの土台を作成するためには、若干の知識と技術が必要になりますので、必要性と労力を事前に検討することが望ましいでしょう。

図3-4　データベースのイメージ

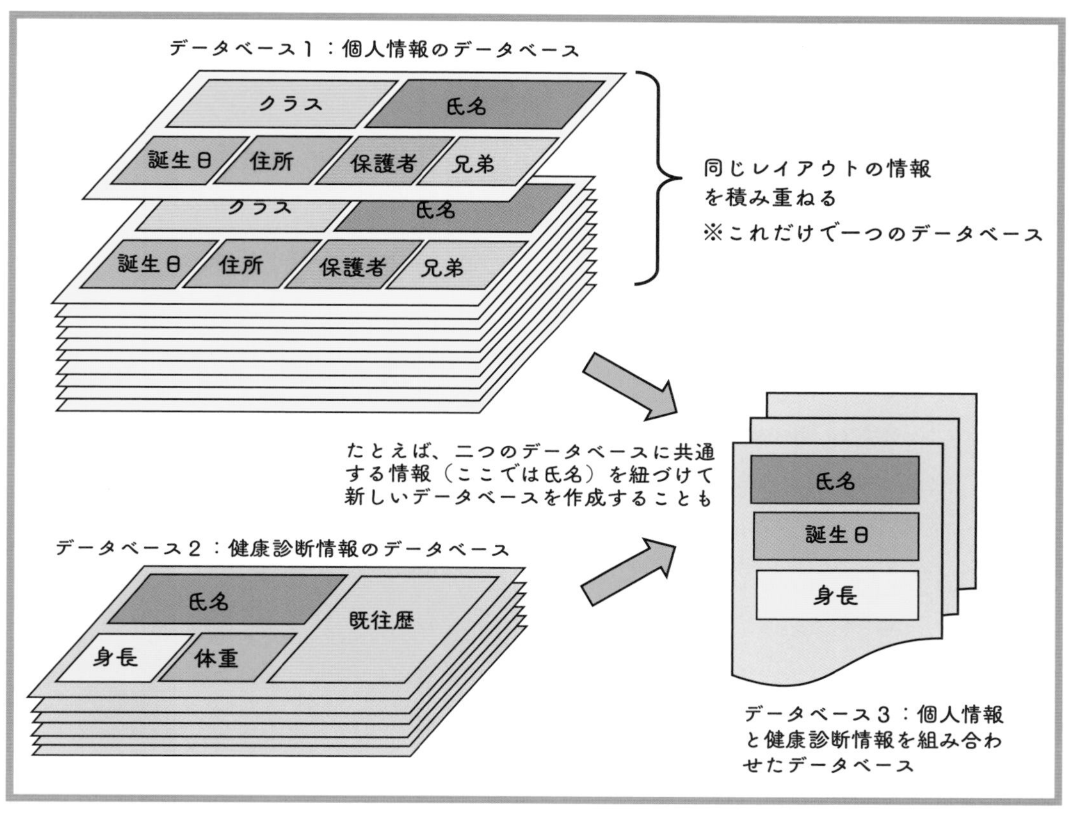

2 日々の記録

質の高い記録のために

指導計画と同様に保育の記録を作成することは保育者にとっての大切な業務です。保育指針「第1章総則　3保育の計画及び評価　(3) 指導計画の展開　エ」では、「保育士等は、子どもの実態や子どもを取り巻く状況の変化などに即して保育の過程を記録するとともに、これらを踏まえ、指導計画に基づく保育の内容の見直しを行い、改善を図ること」とし、保育所保育指針解説（保育指針解説）において、記録を通して計画に基づく実践を客観化することにつながり、また保育中には気づかなかったことや意識していなかったことに改めて気づく機会になると言及しています。同時に、記録が次への計画の資料になるとともに、さまざまな計画についても記録をもとに立案することが大切だと述べられています。つまり、記録は、計画に沿って行われた日々の保育の振り返りとなり、その記録をもとに次の計画を立てるサイクルを生み出す一つの歯車となることが大切です。

保育指針や保育指針解説では、記録に関する記載が数多くあり、たとえば、保育士等の自己評価、保育所の自己評価、保育所児童保育要録の作成、子どもの健康状態並びに発育及び発達状態の把握、不適切な養育や児童虐待の早期発見・早期対応、食育、事故防止及び安全対策、子育て支援、職員の研修、苦情解決など、保育に関するさまざまな場面において記録の意義や重要性がうたわれています。

先述の指導計画についても同じですが、質の高い計画や記録を作成し、それらを職員間で把握・共有していくことが、質の高い保育実践の礎になることに間違いはありません。反面、質の高い計画や記録を作成するために、保育実践を行う時間や子どもと向き合う時間が損なわれてしまっては本末転倒です。

写真や動画も記録

指導計画と同様に、この課題を解消するための手段としてICTの活用が考えられます。記録におけるICTの活用については、保育指針解説でも「第1章総則　3保育の計画及び評価　(4) 保育内容等の評価　イ保育所の自己評価」の項目で、「職員間の情報の共有や効率的な評価の仕組みをつくるために、情報通信技術（ICT）などの積極的な活用も有効である」と記載されています。

記録の特徴を踏まえて、記録におけるICTの活用について考えてみましょう。ここでの記録は、保育実践後の記録や子どもの育ちに関する記録を想定します。従来、記録といえば、過去の出来事を叙述的に記し、時にはそこで感じたことや考えたことなども文章で書き残すことが一般的でした。もちろんこの方法が間違っているわけではなく、現在でもこの方法で記録を残しているケースも多いでしょう。一方、最近では、保育中の子どもの様子を残す際に、より具体的な場面を振り返ることができるように、エピソード記録やドキュメンテーションという形の記録も考案されています。この考え方をさらに一歩進めると、写真や動画も記録の一つの方法になり得ます。写真や動画を記録の素材として活用する場合、ICTの活用が効果的になります。たとえば、Wordのようなワープロソフトで記録を作成しようとしたとき、ワープロソフトだからといって文章だけで作成する必要はありません。当然のことながらワープロソフトという性質上、文章を作成することが最も得意とする機能にはなりますが、文章中に写真や動画を挿入したり、連携をもたせることもICT機器が得意とする場面です（図3-5）。

文章だけでなく、写真や動画を記録の素材とすることで、どのような環境設定をしたのか、子どもたちや保育者にどのようなかかわりがあったのかなど、より詳細な記録として残すことができるとともに、具体的な評価・反省、さらには今後の改善点を検討するうえでの有用な資料になることでしょう。

図3-5 写真を取り込んだ記録の例

4月~8月 保育経過の記録	9月~12月 保育経過の記録	1月~3月 保育経過の記録
基本的生活習慣が身についており、身の回りのことをしっかりと行うことがある。時々、早く遊びたいという気持ちから、整理整頓などが不十分になろことがあるため、やるべきことをきちんと行うように伝えている。食事面においては、卵アレルギーがあるため、除去食を提供している。 	食事面において、苦手なものがあると食事が進まず時間内に食べ終われないことがほとんどである。少しずつでも克服していけるように、量を減らすなど配慮している。体を動かすことが好きで、縄跳びや跳び箱などに意欲的に取り組む姿勢が見られる。自信を持っていることはよいことだが、危険に感じることもあるため落ち着いて取り組むよう声をかけている。	戸外遊びが好きで、鬼ごっこやドッチ ビーなど様々な集団遊びを楽しみながら、遊びを通して約束事やルールを自主的に守ろうとする姿勢が見られるようになった。小学校に、健康診断に行ったことから、進学に向けての期待が大きく膨らんできている。意識が高まり、話を聞く姿勢も身についてきている。
明るく活発で、戸外に出ると元気に遊んでいる。走ることが好きで、運動神経もよく鬼ごっこなどをよく楽しんでいるが危険な行動もよくみられる。遊びの中での約束事を決めて、怪我を未然に防いでいけるようにする。特に仲の良い他児と一緒になると、落ち着きがなくなり集中して保育者の話などを聞けなくなる。その都度注意を呼び掛けるが、保育者の目を見て話しを聞くことができない。話を素直に聞き入れられるように改善していきたい。	遊びの中で、友だち間でトラブルがあった際などに、泣いて自分の状況や気持ちを伝えくことができなくなることがある。 まずは本児が落ち着くように声を掛け、時間をかけ最後までじっくりと話を聞くようにしたところ泣きながらでも自分の気持ちを伝えられるようになっ た。仲間関係も至って良好である。 	相変わらず仲間関係は良好で、保育士や友だちとの関わりを深めながら、残りの少ない日々の生活や遊びも大いに楽しんだ。生活する上での決まり事を理解し、自分だけでなく友だちも守れるように周りに呼びかけたり、教えたりする姿が見られる。他児に対する優しさや、思いやりもよく見られるようになり頼もしい姿が多く見られた。 
小さな生き物に興味津々で、バッタやセミなど様々な生き物を見つけ、嬉しそうに観察している。"水の実験"では、水の性質で起こる様々な不思議な現象に驚き、繰り返し実験をして楽しんでいた。活動中の私語が多かったり、気になることがあると集中力が途切れる。何	数や数字に少しずつ関心を持ち始め、時計の針を指でなぞりながら、片づけの際など時計を見て行動する姿が見られる。秋になり、だんだんと園庭の木々が紅葉したり、どんぐりが落ちているのを見つけて集めるなど、季節の変化を感じ親しみを持っている。落ち葉や、木の実を使った作品作りでは、思い	冬ならではの自然、氷や雪などに興味・関心を持ち、気温の低さで水が氷に代わる様子を日々観察したり、と自然に親しんでいる。散歩に出かけた際は、春を積極的に探したり、気候の変化(暖かい日が増える)にも気づき、季節の移り変わりを感じていた。小学校進学を見据えて、話を聞く姿勢などより意識して

3 申し送り

適切に伝わることが最低条件

日々行われる申し送りは、適切かつ安全に保育を実践するために不可欠な要素です。欠席の連絡や子ども一人ひとりの体調、それぞれのクラスがその日にどのような活動を行うのかなど、さまざまな情報が園全体の職員で把握・共有されていることがスムーズな保育、安全な保育を行うために大切です。

その申し送りはどのように行われているでしょうか。クラスの主担任で実施されるミーティングで伝達し、ミーティングに参加した職員がメモを取り、それをクラスの他の保育者に伝えるといった方法でしょうか。それとも、申し送り事項が記載されたファイルやノートを回覧して共有する方法でしょうか。申し送りでは、どのような方法をとるにしても必要なことが保育者間で共有されていることが必要最低条件といえるでしょう。しかし、申し送り事項が多かったり、たびたび情報が更新されると、刻々と変化する状況のなかで業務を行っている保育者が情報を正確に把握することが困難になってしまうかもしれません。そのことが結果的にミスにつながったり、事故などの原因を誘発することにもなりかねません。知っておく必要があることは、いつでもどこでも確認できる体制として整備しておくことが大切です。

ICTはこのような申し送りや職員間での情報共有の環境整備にも効果を発揮します。たとえば電子メールやLINE（LINE）のようなメッセンジャー・アプリケーションで情報を伝達・共有することも一つの方法ですし、組織内・関係者だけで活用できる電子掲示板なども便利です。電子メールやLINEは日常的に活用されているツールであり、使用方法に戸惑いを感じることが少ない反面、仕事とプライベートの棲み分けがしづらくなる欠点もあります。

効率のよい業務のために

電子掲示板やそれに類似した機能を有するソフトウェアも数多く開発されています。電子掲示板というと、インターネット上で誰もが閲覧したり、書き込みができる掲示板が有名ですが、防犯面や守秘義務等の観点からも、誰もが閲覧できるオープンな掲示板を保育業務に用いることはできません。そこで、組織内や特定の関係者のみで共有できる掲示板を備えたソフトウェアとして、Google Workspace（Google）やMicrosoft Teams（Microsoft）などがあります。これらは、掲示板の機能だけでなく、ファイルや文書の共有、オンライン会議、スケジュール管理などさまざまな機能と連携させることができる多機能型のソフトウェアです。多くの機能を活用するためには有料版を購入する必要がありますが、このような多機能型のソフトウェアを導入することで他の作業も含めて効率のよい業務が可能になります。

電子掲示板を用いた申し送り（情報共有）

4 活動場所の管理(園庭、ホールなど)

情報を共有する

園の中には園庭やホール、ランチルームなどの共有スペースがあります。ランチルームなど日常的に目的がはっきりとしている共有スペースではどの時間帯に何歳児クラスの子どもたちが使うかがあらかじめ決まっていることも多いでしょう。一方で、園庭やホールなどは、その日の天気や活動内容によって使うクラスも変化していきます。園児全員が使っても十分な広さが確保されている園庭やホールであれば問題はありませんが、実際にはそこまでの環境を確保することは難しいのが現状です。さほど広くない空間で年齢差の大きい子どもたちが混在して遊んだり活動したりすると、保育者の注意が行き渡りにくくなるとともに、子ども同士の衝突などによる事故が起こる可能性も高くなってきます。

動的な活動と静的な活動が混在すると、そのリスクはさらに増加します。そのため、園庭で遊ぼうと思っていたのに、他のクラスが遊んでいたために急遽活動場所や活動時間、活動内容を変更しなければならなくなったということも起こりかねません。

当日の共有スペースの利用時間などは、各クラスの指導計画や事前の申し送りなどで情報共有されることが大切です。しかし、指導計画を立案する段階で共有スペースを使うことができるかどうかの把握は、他のクラスの保育者などに確認しながら検討しなければならないなど、煩雑なやりとりが必要になります。

このような状況におけるICTの活用の一つとして、Excelなどの表計算ソフトがあります。あらかじめ時間や活動場所の一覧表を作成しておき、使いたいクラスの保育者が随時書き込んでいくことで、使いたい時間や場所を共有することが可能になります。同時にクラウドを利用しておけば、どこからでも確認・入力することができるため利便性も向上します(図3-6)。

図3-6 Excelでの活動場所の管理

【園庭（表）】

時間	すみれ組	うめ組	ゆり組	さくら組
8:00				
8:15				
8:30				
8:45				
9:00	縄跳び			
9:15				
9:30				
9:45				
10:00		ドッヂボール		砂場遊び
10:15				
10:30				
10:45				
11:00	自由遊び 総合遊具・ 三輪車など			
11:15				
11:30				
11:45				
12:00				
12:15				
12:30				
12:45				
13:00				
13:15			総合遊具	
13:30				
13:45				
14:00				

【園庭（裏）】

時間	すみれ組	うめ組	ゆり組	さくら組
8:00				
8:15				
8:30				
8:45				
9:00				
9:15				
9:30			自由遊び	
9:45				
10:00				
10:15				
10:30				園庭でおやつ
10:45				
11:00				
11:15				
11:30				
11:45				
12:00				
12:15				
12:30				
12:45				
13:00		自由遊び		
13:15				
13:30				
13:45				
14:00				

4·7　4·10　4·11　4·12　4·13　4·14　4·15

Webカレンダーで管理・共有する

もう一つのICTの活用に、インターネット上で利用できるWebカレンダーがあります。現在利用できるWebカレンダーにはさまざまな機能が付加されていますが、少なくとも週間表示や日表示に加えてコメント機能があれば、活動内容や場所の管理・共有にはおおよそ対応することが可能です。さらに、複数の使用者（アカウント）で一つのWebカレンダーを管理することができるものであれば、利便性はより高まります。Webカレンダーはインターネット上で管理されているため、インターネットに接続できる環境とパソコンやタブ

図3-7 Webカレンダー(日表示)での活動場所の管理

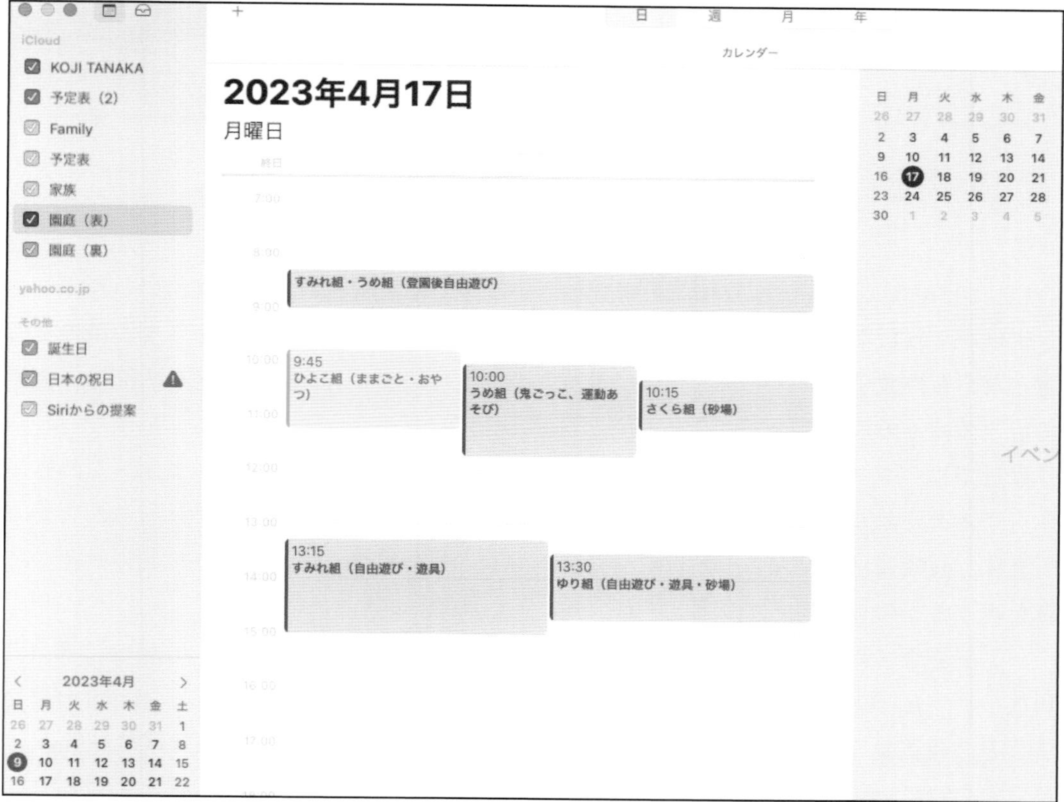

レットなどの端末さえあればいつでもどこでも確認・編集することができ、効率的な計画の立案にも役立ちます(図3-7)。

時間によって子どもたちや保育者が、いつ、どこで、何をするのかが随時変化していく保育において、Webカレンダーなどはアイデア次第で大きな可能性を秘めているICTツールになります。

5 シフト管理

Excelが便利

1日に11時間、あるいはそれ以上開所している園では、職員の出勤体制、いわゆるシフト管理が必須になります。早番や遅番に加え、パートタイム職員など、あらゆる条件を考慮しながら作成するシフト表は非常に複雑であり、このようなシフト管理を人間の力だけで行うのは骨の折れる作業になります。

最近では、シフト管理に特化したソフトウェアやICTサービスもあります。これらのサービスを使うことで、必要な時間に必要な人員を配置することを効率的に行うことができます。同時に、個々人の出勤日数や勤務時間なども計算するため、給与や超過勤務の計算を行うときにも便利です。

シフト管理に新たなサービスやソフトウェアを導入するまでもないという場合には、汎用性の高いExcelなどの表計算ソフトを用いるのも一つの方法です（図3-8）。Excelを用いることの利点は、シフト管理を行うためのシフト表の雛形を一度作成しておくことで、毎月、その雛形を活用できる点です。また表計算ソフトという性質上、出勤日数や勤務時間の情報をシフト表に入力しておくことで、勤務時間を自動で計算することもでき、シフト管理に特化したソフトウェアほどではないにしても、類似した機能をもたせることも可能です。

図3-8 Excelを用いたシフト管理の例

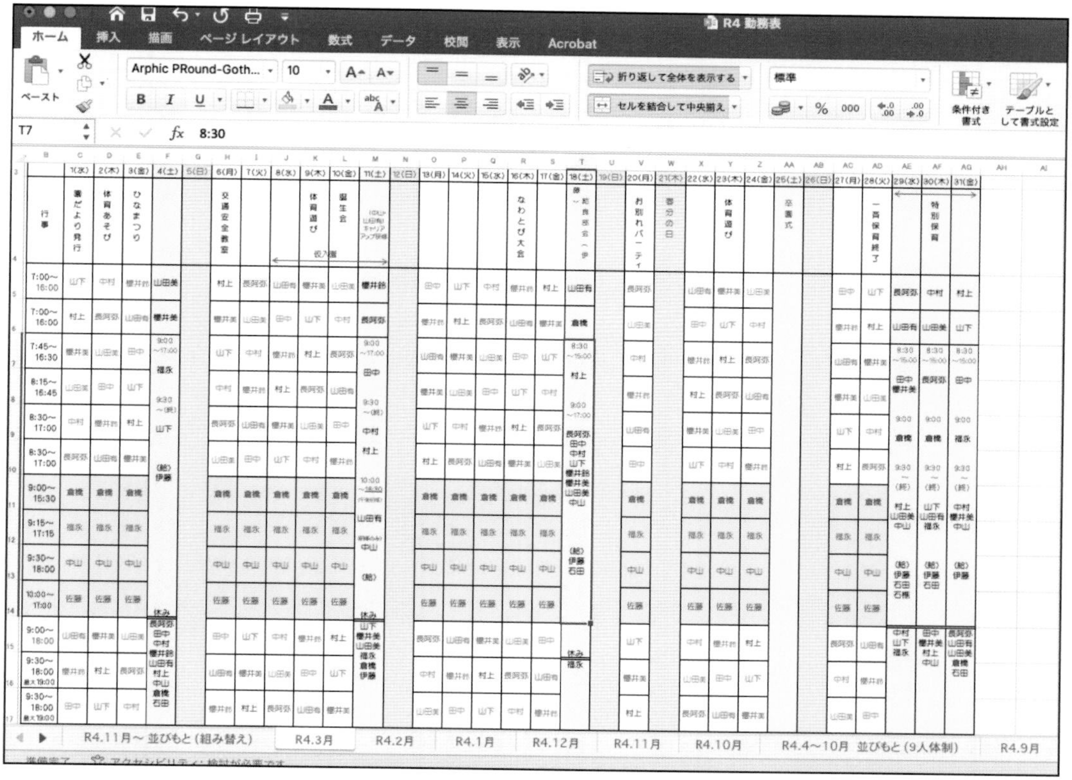

R4 勤務表

ホーム　挿入　描画　ページレイアウト　数式　データ　校閲　表示　Acrobat

T7　fx　8:30

	1(水)	2(木)	3(金)	4(土)	5(日)	6(月)	7(火)	8(水)	9(木)	10(金)	11(土)	12(日)	13(月)	14(火)	15(水)	16(木)	17(金)	18(土)	19(日)	20(月)	21(木)	22(水)	23(木)	24(金)	25(土)	26(日)	27(月)	28(火)	29(水)	30(木)	31(金)
行事	園だより発行	体育あそび	ひなまつり			交通安全教室		←仮入園	体育遊び	誕生会	(中山・山田有)キャリアアップ研修→					なわとび大会		[illegible]		お別れパーティ	春分の日		体育遊び		卒園式			一時保育終了	←	特別保育	→
7:00~16:00	山下	中村	櫻井鈴	山田美		村上	長阿弥	山田有	櫻井美	山田美	櫻井鈴		田中	山下	中村	櫻井鈴	村上	山田有		長阿弥		山田有	櫻井美	山田美			田中	山下	長阿弥	中村	村上
7:00~16:00	村上	長阿弥	山田有	櫻井美		櫻井美	山田美	田中	山下	中村	長阿弥		櫻井鈴	村上	長阿弥	山田有	櫻井美	倉橋		山田美		田中	山下	中村			櫻井鈴	村上	山田有	山田美	山下
7:45~16:30	櫻井美	山田美	田中	9:00~17:00 福永 9:30~(終) 山下 (給) 伊藤		山下	中村	櫻井鈴	村上	長阿弥	9:00~17:00 田中 9:30~(終) 中村 村上 10:00~16:30 (午後研修) 山田有 研修(のみ) 中山 (給)		山田有	櫻井美	山田美	田中	山下	8:30~15:00 村上 9:00~17:00 長阿弥 田中 中村 山下 櫻井鈴 櫻井美 山田美 中山 (給) 伊藤 石田		中村		櫻井鈴	村上	長阿弥			山田有	櫻井美	8:30~15:00 田中 櫻井美 9:00 倉橋 9:30~(終) 村上 山田美 中山 (給) 伊藤 石田 石橋	8:30~15:00 長阿弥 9:00 倉橋 9:30~(終) 山下 山田有 福永 (給) 伊藤 石田	8:30~15:00 田中 9:00 福永 9:30~(終) 中村 櫻井美 中山 (給) 伊藤
8:15~16:45	山田美	田中	山下			中村	櫻井鈴	村上	長阿弥	山田有			櫻井美	山田美	田中	山下	中村			櫻井鈴		村上	長阿弥	山田有			櫻井美	山田美			
8:30~17:00	中村	櫻井鈴	村上			長阿弥	山田有	櫻井美	山田美	田中			山下	中村	櫻井鈴	村上	長阿弥			山田有		櫻井美	山田美	田中			山下	中村			
8:30~17:00	長阿弥	山田有	櫻井美			山田美	田中	山下	中村	櫻井鈴			村上	長阿弥	山田有	櫻井美	山田美			田中		山下	中村	櫻井鈴			村上	長阿弥			
9:00~15:30	倉橋	倉橋	倉橋			倉橋	倉橋	倉橋	倉橋	倉橋			倉橋	倉橋	倉橋	倉橋	倉橋			倉橋		倉橋	倉橋	倉橋			倉橋	倉橋			
9:15~17:15	福永	福永	福永			福永	福永	福永	福永	福永			福永	福永	福永	福永	福永			福永		福永	福永	福永			福永	福永			
9:30~18:00	中山	中山	中山			中山	中山	中山	中山	中山			中山	中山	中山	中山	中山			中山		中山	中山	中山			中山	中山			
10:00~17:00	佐藤	佐藤	佐藤			佐藤	佐藤	佐藤	佐藤	佐藤			佐藤	佐藤	佐藤	佐藤	佐藤			佐藤		佐藤	佐藤	佐藤			佐藤	佐藤			
9:00~18:00	山田有	櫻井美	山田美	休み 長阿弥 田中 中村 櫻井鈴 山田有 村上 中山 倉橋 石田		田中	山下	中村	櫻井鈴	村上	休み 山下 櫻井美 山田美 福永 倉橋 伊藤		長阿弥	山田有	櫻井美	山田美	田中	休み 福永		山下		中村	櫻井鈴	村上			長阿弥	山田有	中村 山下 福永	田中 櫻井美 村上 中山	長阿弥 山田有 山田美 倉橋 石田
9:30~18:00 最大19:00	櫻井鈴	村上	長阿弥			山田有	櫻井美	山田美	田中	山下			中村	櫻井鈴	村上	長阿弥	山田有			櫻井美		山田美	田中	山下			中村	櫻井鈴			
9:30~18:00 最大19:00	田中	山下	中村			櫻井鈴	村上	長阿弥	山田有	櫻井美			山田美	田中	山下	中村	櫻井鈴			村上		長阿弥	山田有	櫻井美			山田美	田中			

R4.11月～並びもと（組み替え）　R4.3月　R4.2月　R4.1月　R4.12月　R4.11月　R4.10月　R4.4～10月 並びもと（9人体制）　R4.9月

図3-9 Webカレンダーを用いたシフト管理(日表示)の例

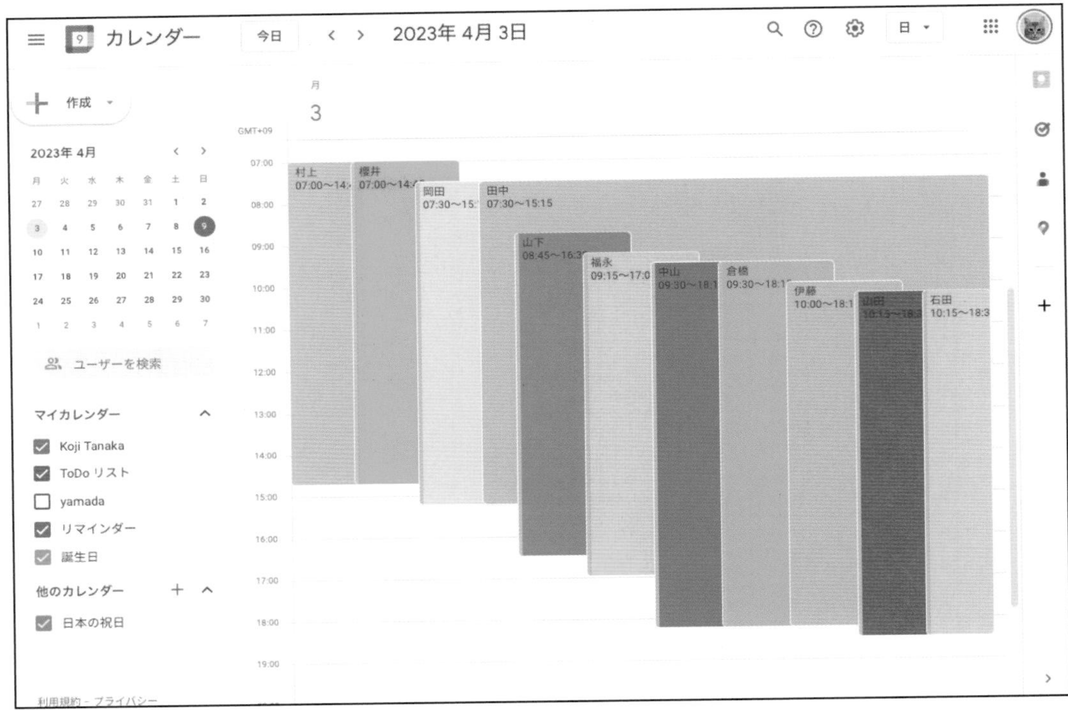

保育の
実践からみた
ICTの活用

6 園内研修

ICTで知識・技術を身につける

大学や短期大学などの養成校を卒業して保育士資格を取得したとしても、それだけで保育者としての仕事や役割を十分に果たせるものではありません。保育士資格を取得することは、保育現場で働くためのスタートラインにつくパスを手に入れたに過ぎません。保育現場で役割を果たすため、また一人前の保育者になるためには日々研鑽を積み重ね、保育に限らずさまざまな知識や技術を習得していくことが不可欠です。

保育者が知識や技術などを習得するための方法はさまざまです。代表的な方法としては、園内研修や外部研修が挙げられるでしょう。他にも、公開保育への参加や自身で書籍を読むなど、あらゆる方法が考えられます。ICTはこれら保育に関する知識や技術を習得する上での利便性を高めます。

ここではまず、園内研修におけるICTの活用について紹介します。

園内研修は公開保育や外部研修とは異なり、所属する保育所、幼稚園、認定こども園（以下、園）の興味・関心、課題に沿った内容で研修を行うことができるのが大きな利点です。そして、園内研修の講師は園内の職員が担当したり、外部から招聘することなどが考えられます。特に園内の職員が講師を担当することになると、その職員は負担に感じるかもしれませんが、大きな成長のきっかけにもなり、これも園内研修の利点といえます。

ICTで時間を確保する

反面、園内研修の難しさもあります。もっとも大きな課題は、職員全体を対象とした園内研修の時間の確保です。保育現場では子どもから離れるわけにはいかないため、少なくとも子どもがいる時間帯に園内研修を実施することは非常に困難です。そのため、園内研修はその日の保育が終了した夜間や土曜日の午後、場合によっては日曜日も含めた休日などに行わざるを得ないのが実情です。そうなると、保育者の労働環境はますます厳しくなってしまいます。そこで、園内研修と労働環境の改善・向上の二つを両立させる上でICTが効果を発揮します。

オンラインでの園内研修

コロナ禍を契機に浸透・発展したオンライン会議システムは、園内研修に対して非常に有効なツールになります。

代表的なツールとしては、Zoom（Zoomビデオコミュニケーションズ）やMicrosoft Teams（Microsoft）、Google Meet（Google）などがあります。それぞれのツールで機能や制限、費用は異なりますが、使い方によっては無料もしくは安価に使用できます。

オンライン会議システムは今日の働き方改革を実践する上での有効なツールになっていますが、保育現場の園内研修に活用することで、自宅にいても園内研修に参加できるため、園内の多くの職員が参加しやすくなります。

また、多くのオンライン会議システムでは録画することもできます。園内研修が行われた時間帯には参加できなかった職員が、事後にその内容を視聴して園内研修の内容を把握・習得することが可能になります。

クラウドを用いた資料の配布

研修には資料が付きものですが、その資料の印刷にはなかなかの負担が付きまといます。資料の印刷については、ページ数が多かったり、参加者が増えたりするとその負担は相対的に増していきます。これは印刷費用についても同様です。そこで有効に活用できるICTがクラウドです。クラウド上に資料を置くことで、そのクラウドに入ることができる人であればいつでもどこでも資料を閲覧したり、ダウンロードできます。

研修を行うときには、Microsoft PowerPoint（Microsoft）などのプレゼンテーションソフトやMicrosoft Word（Microsoft）などのワープロソフトが頻繁に使われますが、クラウドで資料を配布する際に留意することは、配布する資料はPDF（Portable Document Format）、あるいはJPEG（Joint Photographic Experts Group）やBMP（Bit MaP）といった画像でのファイル形式にすることです。最近では、PowerPointやWordを保存する際に、直接PDFとして保存することができるため、多くの手間を要さずに配布資料を作成することができます。配布資料をPDFやJPEGなどのファイル形式にするのは、資料を加工・変更することができないようにするためです。タブレットやパソコンで配布された研修資料を閲覧しながら研修を受け、気づいたことや感じたことを資料内にメモやコメントで残す際にも、レイアウトなど資料そのものが変更されることがありません。

7 公開保育

公開保育は、保育者の保育の質を高める方法の一つと位置づけられます。公開保育を実施する保育者にとっては、日頃はどうしても人の目が届きにくい保育室ゆえに自分自身を客観視する機会が少ない分、他者に自分自身の保育の方法や展開、具体的には子どもへのかかわり方や子どもにかける言葉の一つひとつを見られ、意見をもらえる公開保育は自分自身を見つめ直す貴重な機会になります。同時に、公開保育に参加する（見る）保育者も、他の保育者が行う保育からたくさんのことを学ぶ機会になることでしょう。一方で、公開保育の意義や価値は理解しているものの、いざ実際に行おうとすると準備や時間の確保など難しい側面があるのも実情です。

オンラインでの公開保育

ZoomやMicrosoft Teams、Google Meetといったオンライン会議システムを用いることで、遠隔、つまりオンラインでの公開保育を行うことが可能になります。オンラインで公開保育を行うことの利点としては、第一に、人数に制限が事実上なくなるという点です。訪問での公開保育を行うと、保育室に入ることのできる人数が限られるため、参加者が多い場合には、見たい保育を見ることができないといった状況が起こり得ますが、オンラインではその制限がほぼなくなります。

第二に、限りなく日常と近い環境での保育を公開することができるという点です。日頃、関係者以外の人が入ってくることが少ない保育室に公開保育の参加者がいるだけで、保育者はもちろんのこと、子どもたちも周囲の様子が気になって落ち着かなくなるなど普段とは異なった様子になります。その点、オンラインで公開保育を行うと、普段どおりの様子を公開することができ、公開を行う保育者にとっても参加する保育者にとっても多くの学びにつながることでしょう。

動画配信による公開保育

先ほど紹介したオンラインでの公開保育もICTを活用した公開保育の手段ですが、動画配信による公開保育もまた違った利点を見出すことができます。

日常の保育活動を録画して、録画データをクラウドに保存したり、限定公開の動画配信サイトなどで配信することで、公開保育に参加する保育者がいつでも閲覧することができます。ZoomやMicrosoft Teamsなどのオンライン会議システムでは録画機能を有しているため、オンラインで実施する公開保育に録画したデータを活用することも一つの方法です。

動画配信の利点は、見たいときにいつでも見ることができる点にあります。もちろんですが、動画を視聴した保育者などからは感想やコメントをもらうようにしたいものです。

動画配信による公開保育は、公開保育を行った保育者にとっての貴重な振り返りの機会も提供してくれます。公開保育に参加してくれた保育者などの感想やコメントも含め、客観的に自分自身の保育の様子を見ることができるため、今まで気づかなかったよい点や改善点を知ることになります。

8 外部研修

コロナ禍で大きく変化

園の外部で行われる、いわゆる外部研修は保育者の成長のための学びを支える大切な機会です。市内や県内、あるいは全国で保育者の学びの機会となるさまざまな研修が毎月、毎年のように行われ、園としてどの研修にどの保育者が参加するかなど、保育者の育ちを見通しながら計画し参加していました。

新型コロナウイルス感染症の全国的な蔓延により最も大きな影響を受けたことの一つが、この外部研修といえます。感染症発生当初は研修そのものが中止されることになり、多くの保育者の学ぶ機会が失われてしまいました。そして、コロナ禍が続くなかで、保育者の研修機会を何とか確保したいという思いから、そのための方法が試行錯誤され、Zoomなどのオンライン会議システムを用いたオンライン研修や、集合・対面型とオンライン配信を組み合わせたハイブリッド型研修などが行われるようになりました。

現在では、集合・対面型の研修も多く行われるようになり、コロナ禍前の状況に戻りつつあります。参加者同士の交流や直接話を聞くことの意義、空気感など、集合・対面型での研修のよさや利点は大切にしたいものですが、コロナ禍で行われ蓄積されたさまざまな研修形態は、今後の外部研修でも活用できる効果的な手段となるでしょう。

オンラインでの外部研修

コロナ禍において早い段階で取り入れられた研修手段が、Zoomなどのオンライン会議システムを用いたオンライン研修です。オンライン研修の利点は、何といっても人が一堂に会さず実施できる点にあるでしょう。保育者にとっては、研修会場まで赴かなくても研修に参加して学ぶ機会を得られることになり、研修に参加しやすい状況が確保されることになります。また、実施される研修が、集合・対面型とオンライン配信を組み合わせたハイブリッド型研修であれば、保育者にとっては選択肢が広がることになり、保育者の状況に合わせて参加することができます。

ハイブリッド型研修で配慮したい点としては、研修内でグループワークを行う際に、研修会場で参加者が集まる各グループワークにオンラインによる参加者が加わることができるように、各グループにパソコンなどの端末を用意するなど、参加形態が異なっても同じ内容の研修を受講できるようにすることです。

動画配信による外部研修

コロナ禍においては、動画配信による研修も多く行われました。動画や研修資料などの研修素材は、クラウドなどに保存されて一定期間であれば何度でも視聴できるものと、動画配信サイトを経由して視聴するものに大別されます。

動画配信による研修の最も大きな利点は、スマホやパソコンなどの動画を視聴できる端

末とインターネット環境さえあれば、いつでも、どこでも研修を受講できることです。また、気になった点や一度では理解できなかった点などを繰り返し視聴でき、より深く、正確に研修内容を理解できることも利点といえます。

配信用に録画される研修素材は、配信用に撮影・編集したものを用いることもあれば、実際の研修を録画したものもあります。

前者では、配信のために撮影し加工も行い、動画内で資料や文字（テロップ）を表示させることができるため、研修の受講者が研修内容を理解しやすくなります。一方で、撮影に時間を要したり、質の高い素材を作るためには相応の機材や技術が必要になるという欠点もあります。

後者では、実際に行われた研修がそのまま録画されるため、動画作成の手間を省けるとともに、オンライン研修に参加できなかった場合でも同様の研修を受講することができるという利点があります。特に、集合・対面型の研修では、一つの園から参加できる保育者は限られているため、研修報告という形で研修内容を園内で共有しているでしょうが、行われた研修そのものが録画され、動画として配信されることで、より園内で共有しやすくなることも大きな利点といえるでしょう。

オンライン研修と同様に、動画配信による研修も、集合・対面型の研修の欠点を補う手段としても活用できるため、コロナ禍にかかわらず、日常的にもこれらを組み合わせた研修のあり方が構築されていくことを期待するところです。

9 手遊び・歌遊び

ICTで身近に豊かに

手遊びや歌遊びのように、保育のなかでは音やメロディを伴う活動が多くあります。ダンスや劇遊びなどでも同様でしょう。このような活動のとき、保育者自身がメロディを口ずさんだり、ピアノを弾いたり、またはCDなどを使うことになります。ピアノについては、保育者によって得手不得手があるとともに、ピアノが設置されている場所でなければ使えないといった制約があります。CDなどについても、手遊びや歌遊びに使いたい素材がなければ活用することができません。このように考えると、本来は非常に手軽で身近な手遊びや歌遊びにもさまざまな制約があり、この制約を取り払うことができれば、もっと豊かな保育に発展する可能性があります。

ICTは、手遊びや歌遊びを楽しく、さらに手軽に身近にするきっかけを提供してくれます。

手遊び・歌遊びの伴奏としてのICTの活用

第一に、現在のスマホやタブレットなどのICT端末、さらに携帯スピーカーは非常にコンパクトで、どこにでも持ち運ぶことができます。これは、手遊びや歌遊びを保育のなかでより身近に、より手軽に取り入れるときの大きな利点です。スマホなどの端末に使いたい音源をあらかじめ保存しておくことで、子どもの動きや様子に合わせて、いつでもどこでも手遊びや歌遊びを始めることができます。インターネット環境が整備されていれば、YouTubeなどの手遊び・歌遊び動画の音源を活用することも可能です。また、Apple MusicやAmazon Musicといった音楽配信サイトのサブスクリプション（定期購入）を導入すると、数多くの手遊びや歌遊びの素材を自由に使うことができるため、より活動の幅が広がります。

ICTを活用することで、自由に音源を作成・加工することもできます。ピアノで演奏したものをスマホなどに保存し、それを音源にしたり、再生ソフトを用いることで速さや音程なども簡単に変化させることができるので、楽しさもより膨らみます。作曲ソフトや音楽制作ソフトを活用することで、オリジナルの音源を作ることもでき、保育者や子どもたちに合わせた手遊びや歌遊びの素材を制作することができます。

手軽な音源や楽器としてのICTの活用

楽器での演奏に限らず、日常的な遊びのなかでも、子どもたちはいろいろな音を聞いたり、鳴らしたりして遊ぶことが好きです。それ自体が子どもの成長発達にとってかけがえのない貴重な経験になるとともに、子ども自身の生活環境や事象に対しての興味・関心を深める源でもあります。

手遊びや歌遊びのなかには、虫や動物の鳴き声、さまざまな楽器が奏でる音、生活や自然のなかで生じる音など、音が関係するものもたくさんあります。日頃は、保育者や子どもたちがその音や響きを、声色を変えながら表現していますが、そこでICT機器を用いると、普段とは違った楽しさが味わえるかもしれません。

音源ソフトを使うことで、動物や虫の鳴き声、生活音などさまざまな音を再生することができます。手遊びや歌遊びのなかで、さまざまな音を鳴らすだけでもこれまでとは違った手遊びや歌遊びになることでしょう。

また、音楽制作ソフトや音源ソフトを用いることで、スマホやタブレットがギターやドラム、シンセサイザー、さらには和楽器や民族楽器などになります。実際に、子どもたちがピアノやドラムなど楽器を演奏することができればそれだけで貴重な体験になるでしょうが、数多くの楽器をそろえることはできないため、現実的には難しさを伴います。しかし、子どもの人数分の端末を用意することができれば、簡易的にさまざまな楽器の音色での合奏をすることができ、ICTならではの音と触れ合う楽しみ方の一つになります。

10 絵本や紙芝居の読み聞かせ

紙の課題

子どもたちにとって絵本や紙芝居の読み聞かせは、単に物語を聞くだけでなく、想像力を膨らませ、あたかも自分自身が物語の世界へと入り込んだ気持ちにさせてくれます。実際に、保育者による絵本や紙芝居の読み聞かせの時間に、子どもたちは物語に没頭し、楽しさや悲しさ、不思議さなどさまざまな感情を表します。また、物語をとおして言葉や生活のルール、世界の広さなど数多くのことも学びます。絵本や紙芝居は、子どもたちの成長発達にとってもっとも身近で不可欠な教材だといえるでしょう。

一方で、保育のなかで絵本や紙芝居を活用するときの課題もあります。その一つは絵本の大きさです。保育者と子どもが一対一であったり、数名程度の子どもであれば問題はありませんが、大勢の子どもの前で読み聞かせを行おうとすると絵がよく見えないといった状況が生まれ、物語の世界へ没頭しづらくなってしまいます。

書画カメラを使っての読み聞かせ

現在は大型絵本のように、大勢の子どもへの読み聞かせを想定した絵本もありますが、高価であるとともに、種類も限られています。このようなとき、カメラをとおして画像をモニターなどに映せる書画カメラを活用しての読み聞かせが効果的です。絵本や紙芝居を、書画カメラをとおして大型のテレビやモニター、プロジェクターで表示させながら読み聞かせを行うことで、子どもたちが物語の世界に入り込みやすくなるでしょう。

手作り絵本を電子絵本に

子どもたちにかかわるなかで、保育者として子どもに伝えたいことがたくさんあるでしょう。たとえば、「友だちや家族の大切さ」や「物を大切にすること」「好き嫌いせずに何でも食べること」など、子どもたちの成長発達を願い、さまざまな方法で子どもたちに伝えていることと思いますが、保育者の願いや思いを手作り絵本という形で子どもたちに発信することも一つの方法です。画用紙などで作った紙媒体での絵本もよいですが、ICTを活用して手作り絵本を作成すると、子どもが興味・関心を寄せやすい絵本を作ることができます。

ICTを活用して手作り絵本を作成する場合、手作り絵本をつくるためのソフトウェアもありますが、さまざまなソフトウェアを活用して電子絵本を作ることもできます。たとえば紙媒体で作成した手作り絵本をスキャンして画像にし、それを電子アルバムにすることでそれが一つの絵本になります。さらに、Microsoft PowerPoint（Microsoft）やKeynote（Apple）といったプレゼンテーションソフトも手作り絵本を作る便利なツールです。

11 創作活動

ICTで新たな変化

保育のなかでの創作活動は、子どもにとって楽しいだけでなく、子どもの成長発達にとって大切な要素をたくさん含んでいます。保育のなかでの創作活動としては、クレヨンや絵の具、さらにはさまざまな素材や道具などを使いながらの絵画や描画の活動、そして画用紙や段ボール、廃材や自然物などを用いて作る工作・造形活動に大別されます。これらの創作活動をとおして、子どもたちは想像力を膨らませたり、自分自身のなかで思い描いたものを工夫したり、試行錯誤しながら形にしていきます。そこで保育者は、どのようにしたら楽しい創作活動になるか、また子どもたちがさまざまな素材に触れたり、素材をとおした表現の違いや変化などを経験できるかということに心を砕いていることでしょう。

このような創作活動にもICTを加えることによって、これまでの創作活動の取り組みに新たな変化がもたらされます。

お絵かきとしてのタブレットの活用

製作活動として、クレヨンや色鉛筆、絵の具などを使って紙に絵を描くことは、子どもの想像力を豊かにするだけでなく、手指の技巧性を高める上でも大切な取り組みといえます。一方で、子どもは絵を描くことを好むため、保育のなかの製作活動の時間だけでなく、自由遊びの時間でも自由にお絵かきなどをする子どももいることでしょう。そのとき、子どもたちが自由に使うことのできるクレヨンや色鉛筆、お絵かき用の紙を用意していることと思いますが、そこにお絵かき用のタブレットを加えることも一つの方法です。タブレットを使うと、何度も描き直したり、線の太さを自在に変えたり、たくさんの色を使うことができるため、子どもが納得のいく絵に近づけることができます。

クレヨンや色鉛筆を使い紙に丁寧にお絵かきすることも大切な経験ですが、子どもが想像力やお絵かきの技術を駆使しながら自分の思い描く絵を描くことも大きな経験です。

子どもの想像力を膨らませるICTの活用

物語についての想像画や恐竜や宇宙など実際に見られないものを作ったり描いたりするような創作活動では、子どもの想像力をいかに膨らますことができるかが重要です。

子どもの想像力を膨らませるためには、あえて何も見せずに子ども自身が頭の中で思いを巡らしイメージを作っていくことも大切ですが、たくさんのヒントのなかから子どもが自分なりのイメージを形作っていくことも大切です。もちろん子どもの特性によるところですが、想像力豊かに発想ができる子どももいれば、イメージの種があることによってより想像力が膨らむ子どももいます。特に、子どもにイメージ作りの種を提供するときには図鑑や絵本などに加えて、インターネットによるWebサイト検索も効果的です。

たとえば、「恐竜」を見たことがない子どもにとっては、恐竜そのもののイメージが湧きづらいでしょう。このことは、宇宙や、砂漠やジャングルなど行ったことのない風景を想像するときでも同じです。現在、Webサイト上でキーワード検索を行えば、キーワードに紐づく数多くの写真やイラストといった画像が表示されます。それらを子どものイメージ

作りの種として子どもたちに見せることで、子どもの想像力はより豊かに、幅広くなっていくことでしょう。

より具体的な創作活動につながるICTの活用

上手に描く、作ることだけが創作活動の目的ではありませんが、子どもの年齢が上がるにつれて、子どもたちはより具体的に、より正確に作りたい・描きたいという意識が芽生えてきます。このようなときにも図鑑などに加えて、インターネットでのWebサイトによる画像検索は有効な手段の一つです。

また、花や昆虫などを対象とした絵画製作や造形活動を行うときには、ICTを活用することでこれまでとは一味違った創作活動の展開が考えられます。たとえば、「14 探索活動」で触れているような、デジタルカメラやマイクロスコープを活用することで、人間の視覚では捉えづらい部分まで詳細に確認することができ、さまざまなものに対する興味・関心を引き出し、それが新たな創作を生み出すかもしれません。

12 午睡

保育者にとって大きな負担

午睡は保育中に起こる事故のなかでリスクが高いものの一つです。そのなかでも、乳幼児突然死症候群（SIDS）は乳児期の死亡原因として毎年のように上位にあがってきます。そして、SIDSは何の兆候や既往歴もないまま乳幼児が死に至る原因不明の病気とされていますが、「（例外を除き）仰向け寝」「母乳による育児」「周囲の大人の非喫煙」により発症率を減らすことができるといわれています。

これらのことは、保育者としては知っておくべき知識とされており、万が一、午睡中に事故が発生したとき、子どもがうつ伏せ寝の状態であれば、保育者としての責任を問われる事態に発展しかねません。そのため数分おきの午睡チェックは子どもたちの生命を守るための不可欠な行為といえますが、午睡中絶え間なく行われる確認が保育者にとって大きな負担になっていることも事実です。

ICTによる午睡状態の把握

ICTは、午睡中の保育者の業務負担軽減にも効果を発揮します。たとえば、ルクミー午睡チェック（ユニファ株式会社）をはじめとして数多くの企業が午睡チェックサービスを提供しています。午睡状態のチェックやモニタリングの方法はさまざまで、子どもの衣類にセンサーを取り付けるタイプもあれば、寝具にセンサーを取り付けるものもあります。また、カメラによってうつ伏せ寝を判断する方法も開発されています。いずれの方法も、うつ伏せ寝の状態になったり、呼吸状態や体温などの体調に異変が生じたときにはアラートを発し、直ちに保育者が気づけるようになっています。このようなICTにより、保育者の負担が軽減されることは好ましいことですが、保育者の行うべき行為を機器にすべて依存することなく、保育者の五感による観察・把握も欠かさないようにすることが大切です。

ICTによる午睡状況の記録

子どもたちの午睡状況の確認・把握は保育者が行いますが、記録のみICTを活用することも一つの方法です。ICTを用いて午睡状況を記録することで、日頃の午睡状況が把握・整理しやすくなります。その際の有用なICTツールは、Excelなどの表計算ソフトあるいはデータベースソフトウェアです。

たとえばExcelなどの表計算ソフトでは、チェックボックスの作成や、クリックしたときの時間を自動で入力することができる関数が機能として備わっているので、このような機能を活用することで手書きよりも簡便かつ詳細な情報として午睡状況の記録を残すことができます（図4-1）。さらに、データとして収集した情報であれば、比較も簡単に行うことができるため、個々の子どもの午睡状況の変化などを把握したり、午睡の時間だけを抜き出して保護者に伝達するときに、ICTとしての利点を生かすことができます。

図4-1　Excelでの午睡チェック表の例

午睡チェック表　　記録者 ●● ●●

2023年 7月 5日　　室温 26.0°C・湿度 50%　　室温：夏25°C前後（外気との差は5°C以内）、湿度50-70%、 冬18-22°C（睡眠時は20°C位）

	氏名	有熱チェック				12時						13時						14時						15時						16時						備考
		10:00	13:00	15:00	17:00																															
1	○○ ○○	✓	✓	✓	✓	00	10	20	30	40	50	00	10	20	30	40	50	00	10	20	30	40	50	00	10	20	30	40	50	00	10	20	30	40	50	
2	△△ △	✓	✓	✓	✓	00	10	20	30	40	50	00	10	20	30	40	50	00	10	20	30	40	50	00	10	20	30	40	50	00	10	20	30	40	50	
3	□□ □□	✓	✓	✓	✓	00	10	20	30	40	50	00	10	20	30	40	50	00	10	20	30	40	50	00	10	20	30	40	50	00	10	20	30	40	50	
4						00	10	20	30	40	50	00	10	20	30	40	50	00	10	20	30	40	50	00	10	20	30	40	50	00	10	20	30	40	50	
5						00	10	20	30	40	50	00	10	20	30	40	[illegible]	[illegible]	10	20	30	40	50	00	10	20	30	40	50	00	10	20	30	40	50	
6						00	10	20	30	40	50	00	10	20	30	40	50	00	10	20	30	40	50	00	10	20	30	40	50	00	10	20	30	40	50	
7						00	10	20	30	40	50	00	10	20	30	40	50	00	10	20	30	40	50	00	10	20	30	40	50	00	10	20	30	40	50	
8						00	10	20	30	40	50	00	10	20	30	40	50	00	10	20	30	40	50	00	10	20	30	40	50	00	10	20	30	40	50	
9						00	10	20	30	40	50	00	10	20	30	40	50	00	10	20	30	40	50	00	10	20	30	40	50	00	10	20	30	40	50	
10						00	10	20	30	40	50	00	10	20	30	40	50	00	10	20	30	40	50	00	10	20	30	40	50	00	10	20	30	40	50	
11						00	10	20	30	40	50	00	10	20	30	40	50	00	10	20	30	40	50	00	10	20	30	40	50	00	10	20	30	40	50	
12						00	10	20	30	40	50	00	10	20	30	40	50	00	10	20	30	40	50	00	10	20	30	40	50	00	10	20	30	40	50	
13						00	10	20	30	40	50	00	10	20	30	40	50	00	10	20	30	40	50	00	10	20	30	40	50	00	10	20	30	40	50	
14						00	10	20	30	40	50	00	10	20	30	40	50	00	10	20	30	40	50	00	10	20	30	40	50	00	10	20	30	40	50	
15						00	10	20	30	40	50	00	10	20	30	40	50	00	10	20	30	40	50	00	10	20	30	40	50	00	10	20	30	40	50	
16						00	10	20	30	40	50	00	10	20	30	40	50	00	10	20	30	40	50	00	10	20	30	40	50	00	10	20	30	40	50	
17						00	10	20	30	40	50	00	10	20	30	40	50	00	10	20	30	40	50	00	10	20	30	40	50	00	10	20	30	40	50	
18						00	10	20	30	40	50	00	10	20	30	40	50	00	10	20	30	40	50	00	10	20	30	40	50	00	10	20	30	40	50	
19						00	10	20	30	40	50	00	10	20	30	40	50	00	10	20	30	40	50	00	10	20	30	40	50	00	10	20	30	40	50	

13 排泄

状況の共有が命を守る

子どもの健康状態の維持・支援を行う際に、食事や睡眠とともに排泄状況の確認・把握も不可欠です。特に乳児や3歳未満児は自身の体調の異変を保育者などに伝える力が十分ではないので、保育者が子どもの体調の異変をいち早く把握できるようにすることが、場合によっては子どもの病気などの早期発見や命を守ることにもつながります。

子どもの排泄の状況･状態などについて、園内ではどのように把握しているでしょうか。食事や睡眠などの様子も含めた園内での生活の様子を紙に記すようにしたり、子どもの連絡帳に記すようにしたり、または、日頃と様子が違ったときだけ記録や連絡帳に記すようにしているでしょうか。いずれにしても、子どもの健康状態の維持・支援や、異変を早期に発見し、それを複数の保育者で確認できるようにするためにも、排泄の状況や状態の記録を残し、保育者間で共有できるようにしておくこと、加えて、必要に応じて保護者に詳細な伝達・説明ができるようにしておくことが大切です。

ICTを活用した排泄状況の管理

排泄は毎日の行為になるため、1か月間、1年間と時間が経過するにつれて、蓄積される情報量が膨大になります。これを紙で管理しようとすると大量の用紙が積み重なり、排泄状況を子どもごとにファイルで整理したとしても非常に煩雑になるでしょう。

排泄に限らず、保育実践のなかで情報を整理・管理する場面では、ICTの利点を効果的に活用することができます。排泄状況の管理で活用できるICTツールは、Excelなどの表計算ソフトやデータベースソフトが中心であり、効果的です。

Excelを用いる際には、1枚のシート上に、日にち（日付）とそれぞれの日にちに対応するように排泄の時間や状況・状態が記入できるような体裁にしておくと使いやすいです。

図4-2 排泄状況を管理するExcelシートの例

排泄記録表

氏名：　　　　　　　クラス：

日にち		7:00	7:30	8:00	8:30	9:00	9:30	10:00	10:30	11:00	11:30	12:00	12:30	13:00	13:30	14:00	14:30	15:00	15:30	16:00	16:30	17:00	17:30	18:00	18:30
4月1日（月）	排泄時間	:		:		:		:		:		:		:		:		:		:		:		:	
	排泄物																								
	排泄物状態																								

日にち		7:00	7:30	8:00	8:30	9:00	9:30	10:00	10:30	11:00	11:30	12:00	12:30	13:00	13:30	14:00	14:30	15:00	15:30	16:00	16:30	17:00	17:30	18:00	18:30
4月2日（火）	排泄時間	:		:		:		:		:		:		:		:		:		:		:		:	
	排泄物																								
	排泄物状態																								

日にち		7:00	7:30	8:00	8:30	9:00	9:30	10:00	10:30	11:00	11:30	12:00	12:30	13:00	13:30	14:00	14:30	15:00	15:30	16:00	16:30	17:00	17:30	18:00	18:30
4月3日（水）	排泄時間	:		:		:		:		:		:		:		:		:		:		:		:	
	排泄物																								
	排泄物状態																								

日にち		7:00	7:30	8:00	8:30	9:00	9:30	10:00	10:30	11:00	11:30	12:00	12:30	13:00	13:30	14:00	14:30	15:00	15:30	16:00	16:30	17:00	17:30	18:00	18:30

加えて、排泄や排泄物の状況・状態はある程度定型化されるので、あらかじめ記入欄の選択肢を設定しておくとさらに利便性が高まるでしょう。

また、データベースソフトの活用が可能であれば、日々の様子はリスト化することができますし、必要に応じて食事や睡眠などの様子と一括して管理し、それぞれ情報を簡便に連携させることができます。それにより、子どもの健康管理・健康維持、異変の早期発見に対して有効に機能し、そもそもの排泄状況を把握する目的が達成しやすくなります。

排泄の状態把握としての写真・画像の活用

おむつや便器に残された排泄物（主には便）を画像で残すことは、抵抗を感じたり、躊躇するかもしれません。しかし、子どもの排泄状態を保育者間で共有する場合や、必要に応じて保護者に伝える場合には、画像を用いることで正確な共有・伝達につながります。特に、日常の状態と異なったり、異変を感じる状態のときには効果的です。

その際、必ずしもデジタルカメラで撮影した写真である必要はありません。インターネット上のWebサイトなどには、さまざまな便の状態のイラストが示されています。活用可能なイラストを必要に応じてあらかじめダウンロードしておき、先の排泄状況の管理のなかで残す情報の一部として記載できるようにしておくと、排泄状況の把握の精度が向上することでしょう。

おむつの個数（在庫）管理

最近では、おむつのサブスクリプション（定期購入）といったサービスもありますが、子どもごとに保護者がおむつを持参し、園で保管しているおむつの数が少なくなってくると、保護者が購入してまた園に預ける、という方法をとっていることもあるでしょう。園内で布おむつを推奨しているということであれば、おむつの在庫管理はそもそも必要ないでしょう。園内でのおむつの管理状況はさまざまですが、個数管理が必要な場合にはICTの活用が効果的です。

ICTを用いて個数管理を行う場合のツールとして、もともとは商用ですが在庫管理ソフトが挙げられます。そこまで必要ない、あるいは汎用性の高いICTツールを活用したいということであれば、Excelなどの表計算ソフトが有効です。

ここでExcelを用いることの利点は、大きく二つあります。一つは、子どもの排泄状況や排泄状態の把握・管理と併用して、一つのファイルのなかで同時におむつの個数管理もでき、煩雑さが軽減されるという点です。

もう一つは、Excelであれば、在庫管理を行うための計算や関数の例がインターネットのWebサイト上にたくさん公開されている点です。

個数管理をExcelで行うことは、それほど困難なものではなく、関連する情報をたくさん得やすいことは、つまずきを減らしたり、ICTを利活用することの障壁を低減することにもつながります。

14 探索活動

興味・関心をICTで深める

子どもにとって初めて出会うものや知らないものに興味・関心を寄せ、確かめようとする行為活動すべてが探索活動といえます。乳児期から幼児期、そして年齢が進むにつれ、さまざまなものに対する興味・関心はより強くなり、園庭や公園などでの昆虫や小動物探しや草花摘み、松ぼっくりやどんぐりなどの木の実拾いなどは、子どもたちにとってとても楽しい時間になります。また、探索活動で捕まえた虫の名前を図鑑で調べたり、園内で飼育したり、摘んだ草花を飾ることで子どもたちの保育がより豊かになり、多くのことを学んだり経験することにつながります。

子どもにとっての探索活動は昆虫や草花だけにとどまりません。色水遊びやシャボン玉遊び、氷・雪遊びなどを通して自然とかかわり、そのなかで不思議さやしくみなどを学んでいきます。子どもたちにとって、自然や自然物とかかわるなかで感じた不思議さから興味・関心を深めることは、以降の活動や学びに大きな意味をもっています。

ICTは、子どもたちの興味・関心を深めるための有用な道具になります。ここでは、保育の探索活動で活用できるICT機器について紹介します。

デジタルカメラ/デジタルビデオカメラ

日頃の保育の記録のためにデジタルカメラやデジタルビデオカメラを活用している園や保育者も多いことでしょう。最近では、保育で活用すると楽しいさまざまな機能が備わったデジタルカメラやデジタルビデオカメラがあります。

その機能の一つが、スーパースロー撮影です。スーパースロー、いわゆるスローモーション撮影ができるデジタルカメラを使用します。スローモーション撮影ができるデジタルカメラやデジタルビデオカメラのことをハイスピードカメラといいます。本格的なハイス

スロー撮影の例

ピードカメラはかなり高額で、保育現場で活用することは少々難しいですが、市販されているデジタルカメラやデジタルビデオカメラでも十分楽しめます。実際にはデジタルカメラより動画撮影を目的としたデジタルビデオカメラのほうがスーパースロー撮影には有利なことが多いようです。

スーパースローカメラでどのようなものを撮れば、子どもの探索活動が発展し、より深い興味・関心へとつながっていくでしょうか？　保育で大切なことは、楽しいアイデアをどれだけ生み出すことができるかです。ぜひともたくさん考えてみましょう。

たとえば、シャボン玉や風船が割れる様子、石などが水に落ちるときの様子、水に絵の具が混ざるときの様子、動物が走っている姿や昆虫が羽を開いて飛び立つときの瞬間など、肉眼では見ることのできない楽しく不思議な姿を撮ることができます。

映像や画像で心を養う

保育のなかでは、本物に触れ合うという考え方もあります。映像や画像で見ることは仮想現実であり本物ではないという側面があることも事実です。しかし、ICTなどの情報機器を使用することで自分の目で見ることができない本当の姿を知ることができ、保育の広がりや、子どもの興味・関心、不思議に感じる心を養っていくのだと思います。

次に、タイムラプス（微速度撮影）という機能があります。イメージはスローモーション撮影の逆です。つまり、ゆっくり動くものを長時間撮影（正確には動画ではありませんが）して早

タイムラプスの例（一コマ）

送りのように見ることができます。タイムラプスの機能を使ってどのようなものを撮影すると、子どもたちが興味・関心を示すでしょうか。

たとえば、セミなど昆虫の羽化や脱皮している様子、空の雲が流れていく様子、保育所で子どもと一緒に撮影することは難しいかもしれませんが、朝焼けや夕焼けのように空の色が変わっている姿をタイムラプスで撮影すると、素敵な動画を撮ることができます。

デジタル・マイクロスコープ

幼少期に顕微鏡を覗いて、自分自身の目では見ることのできない世界を見たときの感動は今でも鮮明に残っています。

マイクロスコープとは、広義には顕微鏡を指しますが、ICT機器としてのマイクロスコープは、従来の顕微鏡と区別してデジタル・マイクロスコープと呼ぶこともあります。デジタル・マイクロスコープは小型で持ち運びできるものもあり、接眼レンズを覗いて対象物を観察するのではなく、カメラの部分を手にもって観察対象に近づけて、見たい対象物を観察します。そして、その様子をモニターなどに映し出して複数人で観察できることが大きな特徴です。この性質を活用して、探索活動にデジタル・マイクロスコープを取り入れると、今まで見ることのできなかった世界、新たな世界を見ることができ、興味・関心がより深まることにつながります。

写真や動画を撮影し、それらを活動の素材にすることは、保育のなかでも比較的行いやすい取り組みだといえます。ここでも紹介したように、現在のICT機器は、多様な機能をもっているため、上手に生かすことで子どもたちにとって楽しい活動へとつなげることができます。

肉眼で見た花とマイクロスコープで見た花の比較

15 遊び（安全管理の視点）

事故を防ぐ

子どもたちの遊びには常に危険がつきまといます。なぜなら、生活環境や保育環境を完全に安全な環境として整備することは不可能ですし、事故の背景には人間の行動が大きく関与しているからです。とはいえ、危険から子どもを守り、安全な遊びや生活を保障することは保育者に課せられた役割でもあります。事実、保育者は日々子どもたちの生活の場に危険がないよう環境整備や安全確認を行い、子どもたちが遊んでいるときにはそばに寄り添い、常に目が行き届く立ち位置で見守っていることでしょう。このように、子どもの遊びにおいて安全を確保するためには、これだけをしておけば大丈夫といった特効薬があるわけではなく、日頃の環境整備や安全確認、保育者の安全に対する知識・技術の向上の積み重ねが重要になります。また、いざ事故などが起きた際には原因の究明や検証も必要になってきます。これらのことすべてを人間の目や記憶だけで行うには多くの負担を伴うばかりでなく、特に事故後の検証においては間違いが生じてしまうこともあります。

安全点検のデータ化

毎日あるいは毎週など定期的に行う安全点検は、決められたときに決められた内容を確実に行うことが大切です。いつ行うか、どのような内容について確認するかについて、多くの園ではルール化・マニュアル化され、日常的に適切に実施されていることでしょう。

「いつ行うか」については、たくさんの業務を抱え、突発的な出来事も多い園にとっては、つい忘れてしまうことがあるかもしれません。このようなとき、タスク管理ソフトやWebカレンダーなどで安全点検のスケジュールをあらかじめ設定しておくことで「し忘れ」の予防につながります。ほとんどのWebカレンダーにはリマインダー（通知）機能が備わっており、音や画面表示で知らせてくれるため、忙しくてうっかり忘れてしまったということが減るきっかけになります。

「どのような内容」については、チェックリストを作成するソフトウェアを用いたり、Excelなどの表計算ソフトの活用が有効です。内容の確認だけであれば、紙でチェックリストを作成した場合と大きな違いはないかもしれません。チェックリストについてICTを活用することの利点は、日常的にチェックした内容を蓄積することができること、さらにデータがクラウドに保存されていたり、園内にネットワークが整備されていると、いつでも誰でもチェックされた内容を確認・把握できることです。

保育者のリスク感性を高めるためのICTの活用

子どもたちが遊んでいるとき、どのような視点や観点で子どもたちを見て、どのような行動を予測できるか、いわゆるリスクに対する感性は保育者によってさまざまです。

保育者のリスク感性を高める手段として、ICTを有効に活用できます。リスク感性を高める方法はいくつかありますが、その一つとして、保育の場面や子どもたちが遊んでいる場面を画像としての写真や動画として切り取り、それに対して「子どもたちがどのような行動をするか」「どのような危険が潜んでいるか」、また「保育者はどこに目を配る必要があるか」などを保育者同士で話し合い、状況に対する想像力や対応力を高める方法があります（図4-3）。特にこの方法を用いるときには、デジタルカメラやデジタルビデオカメラなどのICT機器が必須になります。

また、一つの場面の画像や動画について話し合う際にも、複数の保育者で向き合いながら意見を出し合い、協議することができれば望ましいですが、時間の確保が難しい場合には、データをクラウドなどに保存し、複数の保育者が見て意見を残すことができるようにしておくことで、さまざまな場面に対して効率よく多様な意見が収集され、保育者のリスク感性を高めるきっかけづくりにつながることでしょう（図4-4）。

事故検証のためのICTの活用

子どもが遊ぶときは、常に事故が起こる可能性を有しています。それゆえ、予防のために組織的かつ個々の保育者がさまざまな対策を講じています。その対策の一つがヒヤリ

図4-3 保育中の写真や動画を確認しながら保育者のリスク感性を高める取り組み例

【画像（写真）を見ながら起こりうるリスクを考えましょう】
場面：砂場あそび

子ども（3歳児）たちが砂場あそびをしている様子です
遊んでいるなかで、どのようなことが起こりそうか考えてみましょう

ハット事例の収集です。ささいな出来事であったとしても、その原因や背景にしっかりと目を向け、必要な対策を検討することが大切です。そこで有効になるICTが監視カメラであり、監視カメラに付随するICT機器になります。

監視カメラの設置は、重大事故が発生した際の子どもや保育者の状況を把握することを目的としています。場合によっては、それが保育者を守ることにもつながります。一方で、監視カメラが設置されることで、見られている、監視されているように感じるなど、ネガティブな印象をもたれることも少なからずあります。しかし、監視カメラは、重大事故発生時の検証だけでなく、日々起こるささいな出来事の検証や、予防につなげる取り組みの

図4-4 監視カメラの動画を見ながら、保育者のリスク感性を高める取り組み

ためのツールとして活用することも考えられます。

振り返りと予防に活用

事故が起きた際に、詳細な状況を人間の記憶を頼りに整理していくことは大きな労力を有するとともに、そこから得られる情報は必ずしも正確ではない場合があります。重大事故でさえこのような状況になるのですから、日常のささいな出来事についてはなおさら不明瞭になります。その点において、写真や動画で得られる情報は人間の記憶より正確です。監視カメラを活用してヒヤリハット事例に類するような軽微な出来事を適切に振り返り、検討し、対策を講じていくことは、将来起こるかもしれない重大事故を予防するために必要な取り組みです。

16 園外活動（散歩など）

危険を認識する

園を出て近隣の公園に出かけたり、周辺を散歩することは、日頃過ごす園内とは違った景色や人がいて、子どもたちもわくわくすることでしょう。反面、安全が確保された園内とは違い、一歩園外に踏み出すと多くの危険に晒(さら)されます。さらに、園内では大きな事故には至らないささいなミスが、園外では重大な事態に発展することもあります。事実、過去には横断歩道待ちをしていた子どもたちの集団に車が突っ込んできたり、園外活動で子どもを取り残してしまったなどの事例もありました。園外活動は、園内で過ごすのとは違い、たくさんの危険に晒されていることを認識し、万が一の際に備えて園と連携を密にしておくことが大切です。

園外活動の経路・場所の確認・共有

子どもたちを連れての園外活動で、保育者が初めて通る道を経路にしたり、初めての場所に行くことはないでしょう。事前に下見をし、経路にどのような危険が潜んでいるのかを確認したり、目的地の広さやそこにはどのような遊具があり、それらを使って子どもたちがどのように遊ぶかなどを想像して、楽しい園外活動になるように、また安全に過ごせるように細心の注意を払っていることと思います。

ここで大切なことは、引率する保育者はもちろん、園外活動に同行しない保育者であってもさまざまな情報が園内で共有されていることです。安全管理の基本は、起こりそうなさまざまな出来事に対する「気づき」です。「子どもたちがどのように行動しそうか」「どのようなことが起こりそうか」など、多くの関係者で考えることが予想外の出来事を減らすことにつながります。このとき、経路や場所についての情報が共有されていることが大切ですし、誤解や認識のズレがないことも重要です。

図4-5　Googleマップを用いた園外活動の経路等の確認・共有

Googleマップに園外活動のルートを記入した例

そのためには、下見の段階で撮影した写真や動画を活用することも有効ですし、インターネット上での地図（Googleマップなど）も効果的に活用できます（図4-5）。Googleマップでは、歩行者目線での風景（ストリートビュー）も確認できるため、複数人で協議・共有する際の誤解や齟齬（そご）を生まれにくくするでしょう。

すぐに連絡が取れる体制の確保

保育中の不必要な使用を避ける、また不用意な動画・写真撮影やSNS（Social Networking Service）などへの発信を予防する観点から、保育者が自身のスマホの携帯を禁止している園もあるかもしれません。保育中に保育者が私物のスマホの所持を禁止することに対して、ある程度は理解ができますが、園外活動のような場面においては、保育者が自身のスマホを携帯するか、園で外出用のスマホを用意しておくことが万が一のときの備えになります。可能であれば、園外活動に同行するすべての保育者が携帯することが望ましいです。

そもそもあってはならないし、起きてほしくもありませんが、子どもが大きなけがをしてしまった、行方がわからなくなってしまったときは、引率者全員での役割分担と連携が必要になります。救急の要請や園への連絡などを一つのスマホだけで対応しようとすると、迅速な対応に至りません。また、行方がわからなくなったときには互いの保育者が連絡を取り合うことが効果的な捜索にも役立ちます。その際、LINE（LINE）やSkype（Microsoft）など複数人で同時に通話ができるグループ通話機能を備えたアプリが導入されているとより効率的に対応できることでしょう。

位置情報の確認

スマホを携帯することの別の利点は、別のパソコンやスマホなどの端末から位置情報を確認できるという点です（図4-6）。園外活動をしている子どもや保育者が、今どのあたりにいるのかを遠隔で確認することができます。ただし、これは監視のためではありません。あくまで離れたところにいながらでも様子を確認するためです。予定していた経路から外れていたり、まったく移動しなくなったなど、不測の事態を察知することにつながります。必ずしも園外保育に同行している保育者がすぐに救急の要請や連絡ができる状況にあるとは限らず、誰かが「おかしいな？」「何かあったのかな？」と気づくことができる体制を作っておくことも、万が一のときの備えの一つとなります。

類似した機能を有したICT機器として、Webの地図上で場所を確認できるAir Tag（Apple）やTile（Tile）などのいわゆるスマートタグもあります（図4-7）。園外活動中のみの使用にするなど、正しく使用することがもちろん前提ですが、このようなICT機器を活用することで、子どもたち一人ひとりの位置情報を確認することが可能になります。

図4-6　Webマップ上での位置情報の確認

図4-7　スマートタグの例

17 食事

情報の収集と蓄積

食事は人間が生きていくために不可欠な営みです。同時に、給食やおやつの時間は子どもたちにとって楽しい時間の一つでもあります。子どもの喫食状況を把握することは、子どもの健康を維持・支援していくことにつながります。食事そのものや食事に関連する行為は、保育のなかでは重要な意味をもっています。乳児となれば、その重要度はさらに増すことになります。

このように食事は重要であるにもかかわらず、子どもの喫食状況など食事にまつわる情報をどれだけ収集・蓄積できているかを考えると、まだまだ検討・改善の余地があるかもしれません。その理由の一つとして、乳児はともかく、幼児の喫食状況や食事の様子を一人ひとりの子どもの記録として残すには多くの手間や労力を要することが挙げられるでしょう。

喫食状況の把握

情報収集を簡易化し、蓄積していくことは、ICTを活用する際の大きな目的です。喫食状況や食事の様子に関する情報を収集・蓄積する際に有用なICTツールは、Excelなどの表計算ソフトやデータベースソフトです。Excelを活用する際には、食べた分量や食事への意欲・態度などといった収集したい喫食状況や食事の様子と子どもの氏名をあらかじめ入力しておくことで、あとは情報を入力するだけで済みます。ここで、喫食状況や食事の様子を入力する際に、選択肢から選択できるような加工をすることで、さらに効率のよい情報収集が可能になります。献立や食材の情報がデータ化されているのであれば、その情報と紐づけることでより詳細な情報を収集・蓄積することができます。

データベースソフトを活用することができれば、子どもの喫食状況や食事の様子と献立や食材の情報、さらには子どもの発育状況などとも紐づけ関連させることができるため、子どもたちの健やかな成長や発育を支える保育全体のあり方を検討する材料になることでしょう。

食育活動

園で行われる食育活動として、野菜の栽培や、絵本や紙芝居による発信、調理体験などが広く行われています。さまざまなICTツールは、子どもたちの興味・関心を引き寄せる際に効果的に活用することができます。子どもたちの食に関する興味・関心を引き出すことで、従来の食育活動に加えて新たな食育活動としても、ICTを利用できます。

たとえば、野菜の栽培は、子どもが苦手な野菜を克服するためにとても有効な手段です。子ども自身で種や苗を植えて日々お世話をすることで、敬遠している野菜であったとしても食べようとする意欲の源にもなります。また野菜の栽培は、野菜にも命があることを知ることにもつながり、子どもにとってきっと貴重な体験になります。一方、実際に野菜を栽培しようとしたとき、相応の時間が必要ですし、場所も必要です。また、実際に栽培できる野菜にも限りがあります。Webサイトや動画配信サイトのなかには、野菜の栽培方法や野菜が育つ様子などが記録された画像や動画があり、あくまでも実体験を補足したり、仮想体験することではありますが、野菜のことや野菜に命があることなどを知るきっかけづくりとして活用できます。このことは魚や動物でも同様であり、子どもが食について考えるきっかけを提供してくれることでしょう。

また、園には給食室があり、給食が作られる過程で子どもたちはにおいを感じ、そのことが食べる意欲にもつながります。しかし、衛生上の観点からも、実際に子どもたちが調理室の中に入って調理する様子を見ることはほとんどないでしょう。そこで、たとえば調理している様子を動画で撮影し、子どもたちが視聴する機会を設けたり、Zoomなどのオンライン会議システムなどを経由してリアルタイムで調理している様子を見ることができれば、給食に対する子どもたちの興味・関心が増すことが期待されます。

18 行事

コロナ禍での変化

園内で行われる行事すべてにそれぞれ目的がありますが、運動会や発表会など、行事のなかでも比較的大きな行事には独自の目的があります。一つは、行事に向けて日々練習を積み重ね、大勢の人の前で発表することが子どもたちにとって大きな経験となり、成長・発達のきっかけとして作用することを期待する側面です。またもう一つは、保護者に子どもたちが発表する姿を披露し、成長・発達していることを実感してもらうことです。ICTを活用することで、これまでの行事のあり方や方法に柔軟性をもたせることができるようになります。

オンラインによる行事の配信

オンラインによる行事の配信では、いわゆるWeb会議などで用いられるZoomやMicrosoft Teams、Skypeなどのオンライン会議システムやオンライン・コミュニケーション・システムが便利です。最近のパソコンは内蔵されているカメラも高画質のものも多いですが、市販のビデオカメラや複数のビデオカメラによる画像を切り替えることのできるビデオミキサーなどを使えば、テレビ放送局さながらの配信が可能になります。

オンラインによる行事の配信は、新型コロナウイルス感染症の感染防止策として、園内のホールなどに保護者が集合することを避けるために普及しましたが、通常時においても有効な手段となります。保護者の仕事の都合などで園に行くことができない、あるいは祖父母や親戚などに見せたいが園の近隣に居住していないなど、時間的・物理的な理由により行事に参加ができない人にも披露することが可能になります。オンラインによる行事配信は、実際に見ることのできない人のニーズに対応することとなり、保護者の園に対する満足度を高めることにつながることでしょう。

動画による行事の配信・配布

オンライン配信を録画したり、事前に撮影した動画を編集し配布する方法としては、DVDディスクやブルーレイ・ディスクなどの記録媒体を用いる方法と、クラウドや動画配信サイトを用いる方法があります。

DVDディスクやブルーレイ・ディスクによる配布では、撮影・編集した動画をパソコン等を用いて作成(焼き付け)します。収録時間については画質にもよりますが、DVDディスクでは約2時間、ブルーレイ・ディスクでは約4時間程度の動画を収録することができます。

一方で、作成する枚数が増えると、作成に多くの時間を要するという欠点があります。この点において、クラウドや動画配信サイトを用いた配信では、撮影・編集した動画をインターネット上にアップロードすることだけで容易に動画を配信・配布することができます。保護者はクラウドにアクセスすることで自由に動画を視聴したり、ダウンロードする

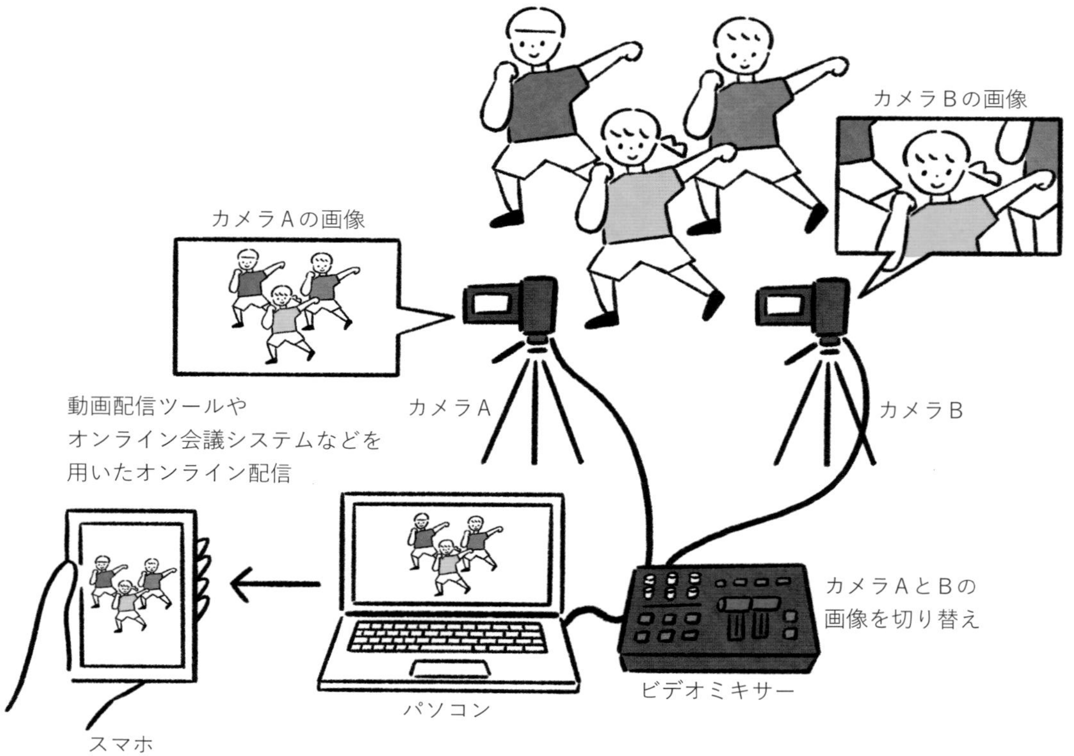

ことができます。クラウドを用いた配信･配布では、時間の手間が省略できるだけでなく、編集等が終わった動画から順次配信・配布することができたり、期限を定めてデータを削除することも可能であるため、DVDディスクやブルーレイ・ディスクの配布よりも配信・配布に対する柔軟性が高いといえます。

園内行事での家庭との連携

他にも、園内の子どもたちだけで行われる行事、たとえば誕生会や七夕、クリスマス会などでもICTを上手に活用することで、今までと違った形での展開を生み出すことができます。

誕生会を例として挙げると、誕生会でお祝いされる子どもの保護者に、オンライン会議システムなどを用いてリアルタイムで見ることができるようにすると、保護者の喜びにつながると同時に､園や保育者に対する保護者の理解が深まるのではないでしょうか。また、誕生会のなかで、お祝いされる子どもに対して、仕事などで実際の誕生会には参加できないけれど、オンライン会議システムなどを用いて保護者から子どもにメッセージを伝えてもらう時間を用意することで、誕生会が子どもにとっても保護者にとっても思い出深いものへと発展するかもしれません。

オンライン会議システムを活用することで､場所が離れていてもリアルタイムなやりとりができることは大きな利点ですが､録画で代替することも可能です。送迎時に保護者が園を訪れたときに撮影してもよいですし､保護者が自身のスマホなどで撮影したものを事前に用意した園のクラウドに保存してもらうとさらに準備がしやすくなるかもしれません。

もちろんICTを使わず、誕生会に保護者を招くことも有効な手段ですが、就労などにより時間の確保が難しい保護者にとっては、気軽に保育に参加でき、そのことを通して保育の様子を知ってもらうよい機会になるのではないでしょうか。いずれにしても、ICTは、上手に活用することで、これまでの行事や保育のあり方に新たな変化をもたらす可能性を秘めています。

19 育ちの評価（主に身体面）

成長を支える

保育において、子どもの発育状況を把握することは、子どもの心身の健全な成長発達を支えることにほかなりません。つまり、定期的に身長や体重など子どもの発育状況を把握し、その結果を時系列で捉え、順調に成長しているかを確認することで、障害や疾病等の早期発見や、家庭生活の様子をうかがい知ることにつながります。発育状況の把握は、これだけに留まりません。保育においても、子どもたちにどのような遊びや活動を提供するのか、また子どもたちが安全にどこまでチャレンジできるのかを保育者が見立てるためにも重要です。このように、子どもの発育状況を把握することは、子どもの健やかな成長を支えるだけでなく、適切な保育を提供する上でも重要な取り組みといえるのです。

特に身長や体重の変化や、それに付随する子どもの育ちの評価については、表を作成して身体測定の度に記入したり、成長曲線に基づきながら変化の様子を評価することが多いでしょう。現在普及している保育に関連する業務の効率化を支えるICTツールである保育業務支援システムでは、子どもの育ちを蓄積・管理できる機能が備わっているものもあり、この機能を利用することで、簡便に子どもの育ちの様子を把握し、評価することが可能になり、汎用性の高いソフトウェアでも類似の作業を行うことができます。

育ちの様子を情報として蓄積・管理

ICTが得意とする領域の一つに、情報の蓄積と管理があります。身長や体重など、子どもの発育状況を情報として蓄積することは、まさにICTを有効に活用できる場面といえるでしょう。ここで効果的なICTツールとして、Excelなどの表計算ソフトやデータベースソフトがあります。

Excelで子どもの育ちの様子を蓄積・管理する場合、Excelシート上の行と列に、子ども

図4-8 Excelを用いた子どもの育ちの蓄積・管理

氏名：　クラス：

	4月	5月	6月	7月	8月	9月	10月	11月	12月	1月	2月	3月
身長(cm)	98.2	98.8	99.1	99.8	100.3	100.6	101.0	101.1	101.7	102.4	102.8	103.1
体重(kg)	15.2	15.5	16.1	16.6	17.0	17.2	17.5	18.1	19.1	20.2	20.5	21.2
備考												

の氏名と身体測定を実施する年月を設定するだけで最低限の情報集約となります（図4-8）。これに、生年月日や既往歴、出生時の状況などさまざまな情報を付加していくと、より詳細な子どもの育ちの評価につながります。

ここでICTを用いる利点として、データの蓄積や管理が簡便になることは当然として、蓄積されたデータを比較できることにあります。具体的には、性別や出生月での比較、身長順や体重順での並び替えを簡単に行うことができるため、クラス全体の子どもの育ちの評価や個々の子どもを評価する際に、さまざまな視点での評価が行いやすくなります。

データベースソフトを活用して子どもの育ちの様子を情報として蓄積・管理すると、さらに複雑な情報間の関連づけや連携を簡潔に行うことができます。データベースソフトを扱うには多少の知識や技術を必要としますが、十分な費用対効果が見込めます。

ICTを用いた子どもの育ちの評価

身長や体重などの蓄積されたデータをもとに育ちの様子を把握・評価することも大切ですが、成長曲線のように視覚的に示すことで、新たな気づきや発見のきっかけになります（図4-9）。

Excelなどの表計算ソフトでは簡便にグラフを作ることもできます。子どもの育ちの評価で効果的なグラフは、いわゆる「折れ線グラフ」であり、加工することで成長曲線に記載するのと同様のグラフを作ることもできます。

子どもの育ちの様子について、ICTを用いて蓄積・管理する際には、評価のためにグラ

図4-9 Excelで作成した成長曲線

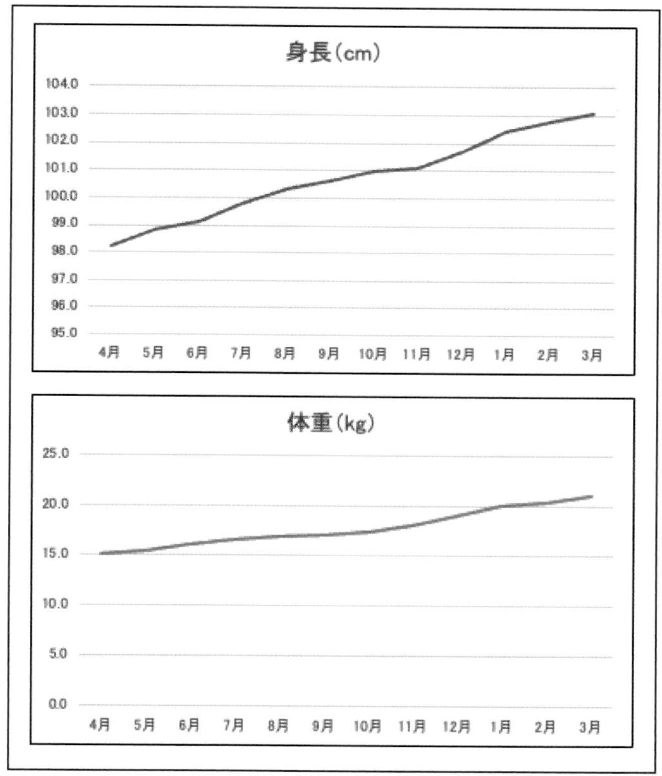

フなどの図式化を同時に行うことで、効率性が向上することでしょう。

ICTを備えた測定機器

身長や体重などの子どもの育ちの様子を情報として蓄積・管理するとき、測定機器そのものがICT機能を備えていると、さらに便利になります。いわゆるデジタル身長体重計です(図4-10)。デジタル身長体重計を用いると、測定結果をExcelに出力できる機能が備わっているものもあるため、育ちの様子をさらに効率よく蓄積・管理することが可能になります。

図4-10 デジタル身長体重計

20 配慮を必要とする子どもへのかかわり

配慮を必要とする子どもへの対応とICT

保育所保育指針解説では、「配慮を要する子ども」として、食物アレルギーのある子どもや障害のある子どもなどを挙げています。

食物アレルギーのある子どもについては、何よりも給食やおやつなどで使われる食材がアレルギーの対象となる食材や原因物質を含んでいないかを確認することが重要です。献立や献立で用いられる食材を確認して、対象となる子どもの食物アレルギーと照らし合わせながら献立を変更したり、除去食として調理していることでしょう。その際、複数の職員で確認したり、必要に応じて保護者にも確認をしてもらう場合があるかもしれません。このように、複数の人が一つの事柄に関与するには多くの時間や手間を要します。

また、障害のある子どもについても、障害の状態や障害に伴う心身状況の把握、個別の指導計画作成、保護者や関連機関との連携など、一人の子どもに対して数多くの状況確認や把握、そして複数の人による連携が求められます。加えて、障害の特性による個別的なサポートも必要となります。

食物アレルギーのある子どもや障害のある子どもへのかかわりや保育において、ICTが効果的な役割を担います。

食材の把握・確認におけるICTの活用

給食栄養管理システムは、献立の作成から食材の選定、検食管理、栄養計算までを一括で行うことができます。食物アレルギーのある子どもへの対応としては、給食栄養管理システムの食材管理を活用して、使用食材の一覧からアレルギーの対象となる物質や食材が含まれていないかを確認することができます。

汎用性の高いソフトウェアを活用する場合には、Excelなどの表計算ソフトが想定されます。少なくとも、献立に使用される食材をICTによって管理するだけで、食物アレルギーのある子どもに対する支援を効率的に行うことができます。

具体的には、献立に使用される食材をExcelで入力・管理し、そのデータをクラウドに保存します。クラウドに保存された献立・食材に関するデータを、保護者も含む複数の関係者で確認できるようにするだけでも、紙を回覧する手間を省くことができ、格段に効率性が向上します。

知識・技術的なハードルは上がりますが、データベースソフトを用いて行うことができれば、さらに効率性が上がるとともに、より正確なアレルギー対策が可能になります（図4-11)。たとえば、食物アレルギーのある子どもの個々のアレルギー対象食材をあらかじめ設定し、もし給食で使用される食材に対象となる食材が含まれている場合、アラートが示されるようにすることもできます。Excelでも類似の動作を行うこともできますが、データベースソフトではこれらの動作を柔軟に機能させることができます。

ICTを用いた障害のある子どもの状態把握

障害のある子どもに対する保育や支援において重要なことは、障害の状態や特性だけに限らず、子どもの全体像をできるだけ細かく把握し、それを子どもにかかわる関係者で共有することです。子どもの全体像を把握することに関しては、えてして障害のある子どもの保育や支援を行うときには、障害に起因する問題や課題に目が向けられがちです。しかし、発達途上の子どもにおいては、成長発達によってこれまでできなかったことができるようになったり、それによって障害を補うことができたりと、子どもの全体像を捉えることによって障害そのものの認識や、障害に起因する生活のしづらさが変化します。子どものその時々の状況を関係者間で共有することによって、子どもに対する適切かつ一貫性のある対応や支援につながります。

一方で、子どもの状態把握や情報共有を行うためには、多くの時間や手間を要します。この課題を解消するためにもICTの活用が考えられます。

ここでは、大きく二つのICT活用が想定されます。一つ目は、子どもの障害の情報や生活状況に関連する資料のICT化です。障害のある子どもの情報等に関する資料は、状況を詳細に残していく必要があるという性質上、相対的に量が多くなる傾向にあります。紙媒

図4-11　データベースソフト(FileMaker)での献立表とアレルギーチェックの例

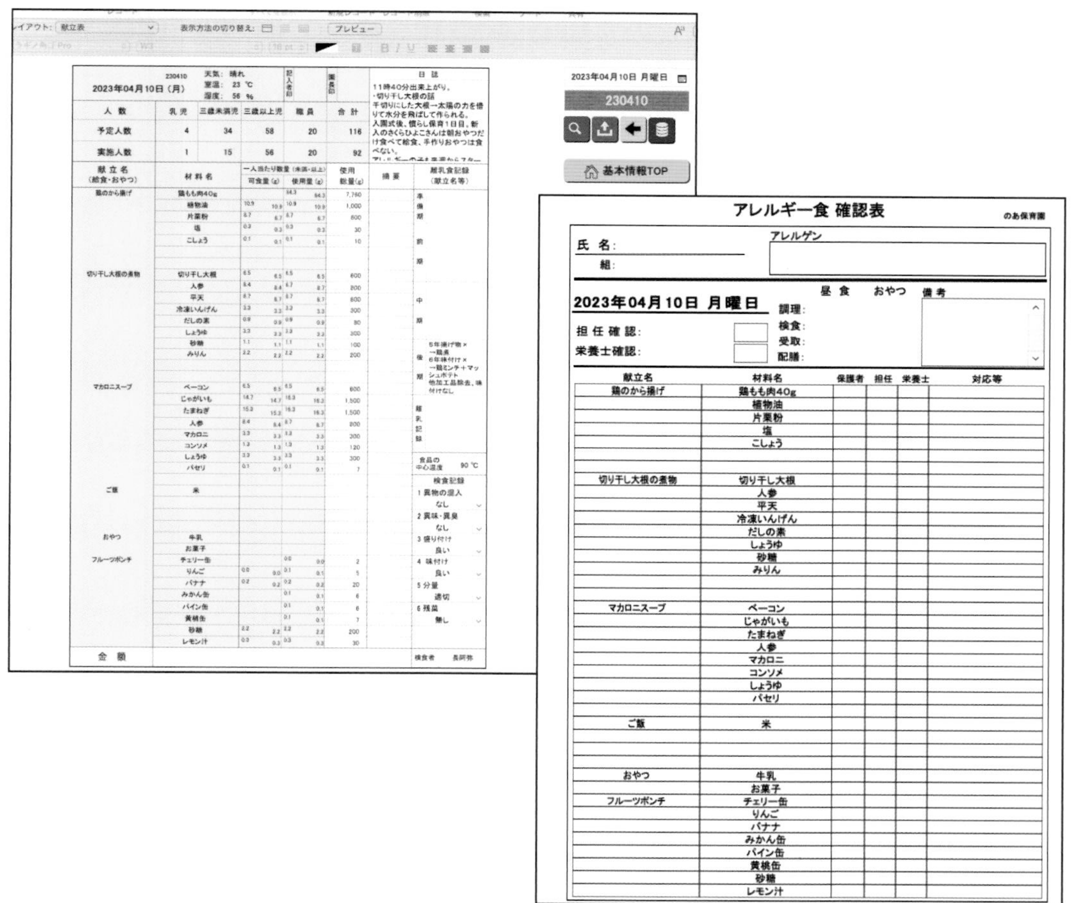

2023年04月10日（月）　230410　天気：晴れ　室温：23 ℃　湿度：56 %

人数	乳児	三歳未満児	三歳以上児	職員	合計
予定人数	4	34	58	20	116
実施人数	1	15	56	20	92

日誌
11時40分出来上がり。
・切り干し大根の話
千切りにした大根→太陽の力を借りて水分を飛ばして作られる。
入園式後、慣らし保育1日目。新入のさくらひよこさんは朝おやつだけ食べて給食、手作りおやつは食べない。

献立名（給食・おやつ）	材料名	一人当たり数量（未満・以上） 可食量(g)	使用量(g)	使用総量(g)
鶏のから揚げ	鶏もも肉40g		64.3	7,760
	植物油	10.9	10.9	1,000
	片栗粉	6.7	6.7	600
	塩	0.3	0.3	30
	こしょう	0.1	0.1	10
切り干し大根の煮物	切り干し大根	6.5	6.5	600
	人参	8.4	8.7	800
	平天	8.7	8.7	800
	冷凍いんげん	3.3	3.3	300
	だしの素	0.9	0.9	80
	しょうゆ	3.3	3.3	300
	砂糖	1.1	1.1	100
	みりん	2.2	2.2	200
マカロニスープ	ベーコン	6.5	6.5	600
	じゃがいも	14.7	16.3	1,500
	たまねぎ	15.2	16.3	1,500
	人参	8.4	8.7	800
	マカロニ	3.3	3.3	300
	コンソメ	1.3	1.3	120
	しょうゆ	3.3	3.3	300
	パセリ	0.1	0.1	7
ご飯	米			
おやつ	牛乳			
	お菓子			
フルーツポンチ	チェリー缶		0.0	2
	りんご	0.0	0.1	5
	バナナ	0.2	0.2	20
	みかん缶		0.1	6
	パイン缶		0.1	6
	黄桃缶		0.1	7
	砂糖	2.2	2.2	200
	レモン汁	0.3	0.3	30
金額				

離乳食記録（献立名等）
準備期
前期
中期
後期　5年揚げ物×→鶏煮　6年味付け×→鶏ミンチ＋マッシュポテト　他加工品除去、味付けなし
離乳記録
食品の中心温度　90 ℃
検食記録
1 異物の混入　なし
2 異味・異臭　なし
3 盛り付け　良い
4 味付け　良い
5 分量　適切
6 残菜　無し
検食者　長岡弥

2023年04月10日 月曜日
230410
基本情報TOP

アレルギー食 確認表　のあ保育園

氏名：
組：
アレルゲン

2023年04月10日 月曜日
昼食　おやつ　備考
調理：
検食：
受取：
配膳：
担任確認：
栄養士確認：

献立名	材料名	保護者	担任	栄養士	対応等
鶏のから揚げ	鶏もも肉40g				
	植物油				
	片栗粉				
	塩				
	こしょう				
切り干し大根の煮物	切り干し大根				
	人参				
	平天				
	冷凍いんげん				
	だしの素				
	しょうゆ				
	砂糖				
	みりん				
マカロニスープ	ベーコン				
	じゃがいも				
	たまねぎ				
	人参				
	マカロニ				
	コンソメ				
	しょうゆ				
	パセリ				
ご飯	米				
おやつ	牛乳				
	お菓子				
フルーツポンチ	チェリー缶				
	りんご				
	バナナ				
	みかん缶				
	パイン缶				
	黄桃缶				
	砂糖				
	レモン汁				

体で記録を残していくと膨大になり、過去の様子の振り返りや比較が不便になり、活用を阻害することにもなりかねません。

二つ目は、関係者間での情報共有のためのICT化です。障害のある子どもにかかわる関係者は、園に在籍する保育者だけでなく、保護者、発達センターや医療機関の職員など多岐にわたります。これまでも取り上げているように、クラウドなどインターネットを活用することで、情報の伝達や共有が飛躍的に効率化されます。関係者間で情報が適切に共有されることが、子どもへの適切な保育・支援には不可欠です。

生きやすさを支えるICTの活用

ICTを含むテクノロジーの進化は目を見張るものがあります。高度に進化したICTは、障害のある子どもの生きやすさを支えることにもつながります。障害のある子どもに対しては、個々の障害の状態や特性、さらには子ども自身の発達状態等に応じて、生活環境を整え周囲の人々が柔軟かつ適切に支援することによって、障害による生活のしづらさや困難を改善・克服することができるようになります。このとき、子どもの個々の障害の特性等に応じて活用され、生活のしやすさを支える技術としてICTを用いることから、AT（アシスティブ・テクノロジー（Assistive Technology；支援機器））と表現されます。

ATとしての活用は多様であり、関連するICT機器もさまざまです。たとえば、文字の認識が苦手な子どもには音声（声）による読み上げ機器、手指に困難を抱えている子どもには音声によって文字を入力することができる機器など、個々の障害の特性や程度に応じて、機能を補ったり代替することが可能になります。また、連絡や予定などを忘れやすい特性をもつ子どもには、ICレコーダーやスケジュール管理ソフトなどを使うことによって、生活のしやすさを支えることにもつながります。

ATとしてのICTの活用に際しては、ATを目的として開発されたICT機器を活用することも一つの方法ですし、ICTの機能を上手に活用することでATとしての役割を果たすこともできます。障害のある子どもに対するICTの活用において大切なことは、ICTの種類やICT機器等の特性を理解すること、そして工夫のためのアイデアをもつことといえるでしょう。

21 保育中の緊急時対応

事前に活用方法を検討

地震や津波などの自然災害や、園外活動時での事故や犯罪などの突発的な事態が発生したとき、一人ひとりの保育者の適切な判断と対応が求められます。実際の場では、それと同等に保育者間で速やかに情報を共有し、連携を図ることも重要です。

緊急事態が発生したとき、どのような方法で連絡・連携を図るのかが決められているでしょうか。また、そのための連絡手段があらかじめ用意されているでしょうか。実際に、過去に起きた災害などでは通信網が遮断され携帯電話がつながらなくなる一方で、SNSなどインターネットは使えたため、SNSのほうが連絡手段として有効だったいう例もあります。

社会の通信インフラやICTインフラは、今後も進化していくことが予測され、連絡手段はますます多様化していくでしょう。現在のように多くの選択肢があるなかで、緊急時への対応として、どのようなICT機器を活用していくかをあらかじめ検討しておくことが、いざというときの大きな備えになるとともに、適切な対応につながっていきます。

連携手段としてのICTの活用

特に緊急時においては、保育者間・職員間で速やかに情報を共有し、連携を図って協働的に対応していくことが求められます。そのためには、園内や園外にいたとしても速やかに連絡を取ることができる手段を確保し、ルール化しておくことが大切です。保育者などが互いに連絡を取り合う手段として、園内であれば口頭で伝え合うほうが効率的でしょうし、保育室が分散していたり、園外から連絡をしなければならないときには携帯電話などの通信手段を用いる必要があります。

ここで緊急時における連絡・連携手段について考えてみましょう。まず、最も手軽で身近な連絡手段としてはスマホなどの携帯電話です。本来であれば、業務用として園で数台、たとえば各クラスで1台のスマホが備わっていると利便性が高いでしょう。他にも、園内でビジネスフォン（内線と外線が使い分けられる電話機）を導入しているのであれば各保育室に内線電話が置かれ、保育室間で連絡を取ることができるでしょう。ただしスマホやビジネスフォンの内線通話では原則として一対一の通話になるとともに、スマホであれば地震などで地域の通信インフラが遮断されると使用できなくなりますし、ビジネスフォンでは停電や中継機が故障すると内線電話が使えなくなることもあります。

他の手段として、LINEなどのSNSや電子掲示板を活用することも一つの方法です。SNSや電子掲示板であれば、携帯電話網あるいはインターネット環境が確保されていれば連絡が可能であるとともに、複数人が同時に情報を共有できるという利点があります。

さらに災害時などには固定電話よりも通信が遮断されにくいとされているIP電話（無線）も緊急時に備えた連絡手段として検討することも可能です。

口頭で連絡を取り合うアナログな手段に加えて、ICTも活用するとさまざまな連絡手段

が準備されます。緊急時に至る原因が事故なのか災害なのか、あるいは犯罪なのかなどによって、そこで求められる連絡・連携のあり方は当然変化するでしょうし、状況によっては使える連絡手段が限られることもあります。どのような事態のときに、どの連絡手段を用いるのか、連絡手段の簡便性や堅牢性なども考慮した上で、連絡手段の優先順位なども含めてあらかじめルール化しておくことが緊急事態に対して適切に対応していくために重要だといえます。

情報源としてのICTの活用

現在、社会的なICTインフラとして、雨雲レーダーのようにリアルタイムに雨雲の様子を確認できる情報や、防犯速報、防災情報、緊急地震速報、全国瞬時警報システム（Jアラート）など、非常事態や緊急事態につながりかねない情報を瞬時に得ることができます。ただし、これらの情報はスマホを中心としたICT機器で得るため、日頃からスマホを身につけておくか、いつでも確認できるようにしておく必要があります。

先にも触れたとおり、これまでの慣習として、保育中はスマホなどの携帯電話を持ち歩かないことをルールとしていることも少なからずあるかと思われます。ここで触れている非常事態や緊急事態を知らせる情報をいち早く得られるようにしておくことも含め、今の時代は情報難民にならないようにすることが子どもの安全を守る、あるいは自分自身の身を守ることにもつながるといえるでしょう。ここで大切なことは、スマホを持ち歩くことの弊害を懸念して「持ち歩かない」というルールを作ることではなく、「不必要に撮影しない」「無断でSNSに掲載しない」など、保育者として正しくICT機器を使うためのICTリテラシーを組織内や保育者それぞれのなかに育み、役に立つ手段をしっかりと活用できるようにすることです。

保護者との連携・情報発信としてのICTの活用

22 朝の送り

煩雑な登園時間管理

保育所、幼稚園、認定こども園（以下、園）では、朝、園を開けて、子どもが登園するところから1日が始まります。しかし、登園時間は保護者の仕事などの都合で変わるため、子どもの登園時間が一律ではないことが多いでしょう。併せて、子ども自身の体調不良や保護者の仕事の状況などによって欠席することもあります。このような園の特徴を踏まえると、その日の子どもの出欠席や登園時間の管理は、実は非常に煩雑な作業の積み重ねの上に成り立っているといえます。加えて、そこで間違いなどが生じてしまうと、子どもの生命を脅かす事故にもつながりかねない事態が発生してしまうこともあります。

また、子どもの登園時に、保護者などから前日の降園からの様子や子どもの体調を聞いて把握することは、その日の保育を安全に行うために必要な情報交換です。その際やりとりされる情報のなかには、当日の活動に影響を及ぼす重要な情報も含まれています。また、用品代の支払いなど金銭の授受に関することもあるでしょう。ここで大切なことは、子どもの登園時に把握した情報が担任保育者や関係者に適切に伝わり、共有されることです。

保育業務支援システムやICTを用いない場合、出欠状況や登園時間の把握、そして、当日の健康状態やその他の連絡事項などは、出席簿やメモなどの紙媒体に情報を記載したもので情報共有したり、朝の申し送りで伝達するなど、さまざまな工夫をしながら当日の保育に必要な情報を関係者間で伝達・共有していることでしょう。伝達・共有する情報が多かったり、そこでの人数が増えると、伝達・共有の方法はさらに複雑になります。それでも、これまでに大きな情報共有の漏れや伝達ミスがなかったとすれば、園内で構築されている情報把握や伝達・共有の方法が合理的なものであるか、もしくはこれまで偶然に起きなかっただけなのかもしれません。

出欠席・登園時間管理でのICTの活用

子どもの出欠席や登園時間管理は、保育業務支援システムや登降園管理システムなどを用いることで非常に簡便に行うことができます。その方法はシステムによってさまざまであり、保護者にICカードを配布し、登園したときにICカードリーダーで情報を読み取ることで出席登録するものや、園に設置しているタブレットで出席登録するもの、保護者が所有しているスマホに導入されたアプリから出席登録するものなど、園や保護者のICT環境やニーズに合わせて多様な方法が開発されています。これらの保育業務支援システムや登降園管理システムを用いることのメリットは、システムで得られるさまざまな情報と連結・集約させることができることです。

さて、汎用性の高いICTツールで出欠席管理を行うときには、Google Form（Google）やMicrosoft Forms（Microsoft）に代表されるWebアンケート作成ツールの活用が考えられます。Webアンケート作成ツールで出欠席管理を行う場合には、各ツールで登園情報を入力できるアンケートを作成し、玄関先など保護者が子どもを保育者に引き継ぐ場所や、保護者が入力作業をしやすい場所にパソコンなどを設置して入力してもらうようにします。タブレットやスマホなどの携帯しやすい端末を用いると、設置場所の制限がなくなるため利便性が向上するかもしれません。また、出席登録のアンケートにつながるQRコードを作成し、作成したQRコードを玄関先や保育室の前などに掲示し、保護者が所有するスマホなどの端末でQRコードを読み込み、出席登録を行うようにすることもできます。

これらWebアンケート作成ツールを活用することの利点は、それぞれの保護者が入力した出席登録の情報をMicrosoft Excel（Microsoft）などの表計算ソフトに一覧として出力することができることです。Excelに出力できるということは、データをクラスごとに分類したり、1週間や1か月、1年間の情報として整理・集約できることを意味し、他のデータとも連結させて活用しやすくなります。

出席管理を行うことが可能な汎用性の高い他のICTツールとして、Excelやデータベースソフトも活用できます。これらのソフトウェアでは、選択肢などを任意に設定できるため、これらの機能を活用することで出席登録が簡便になり、かつ最終的にExcelの形式でも保存されるため、後のデータ集約において利便性が高くなるといえます。

欠席情報の連絡方法

一方、注意したいこととして、登降園管理システムも含め、子どもが登園したときに保護者がICカードや園に設置している端末、QRコードから出席登録をするということは、欠席の連絡は電話など別の方法で受けなければならないということです。つまり、子どもの出欠席という一つの情報の集まりに対して、出席の情報と欠席の情報が違う経路によって集められることになります。一つの情報の集まりを生成する際に、一つひとつの情報が複数の経路から集まるようなしくみだと、情報を集約する段階でミスが起きやすくなります。この意味においては、保護者が自身の端末に導入されたアプリなどから、出席だけでなく、欠席連絡や遅い時間での登園連絡もでき、出欠席に関する情報が人の手を介さずに一か所に集約されるしくみのほうが、利便性だけでなく、間違いを防ぐことにもつながります。

これを汎用性の高いICTツールで実現するには、欠席情報も入力できるように作成した

Excelやデータベースソフト、Webアンケートでの出欠登録をホームページやクラウドを介して入力できるようにする方法があります。また、対象を保護者に限定したLINE（LINE）などのコミュニケーションツールや保護者への一斉メール配信システムを通じて、Webアンケートの出欠登録に誘導したのちに当日の出欠登録を行ってもらうなどの方法が考えられます。

登園時の保護者との情報共有

前述のとおり、登園時に保護者から子どもの情報を聞き、それを保育者間で共有することが大切です。このとき、ICTを用いることで、保護者から保育者への連絡・情報提供、また保育者間の情報共有が効率よく行えることになります。実際に、保育業務支援システムでは、欠席の連絡を含め、保護者から園への連絡が行える機能を備えているものも多くあります。

汎用性の高いICTツールで行う場合には、前出の出席登録を行うWebアンケートやExcel、データベースソフト内に子どもの様子や連絡事項などの項目を追加することが比較的簡単な方法になります。つまり、出席登録と子どもの情報伝達を同じ情報の集合体として扱うようにする方法です。ここでは、出席と出席した子どもの状態が紐づいた形で把握・確認できることが最大の利点ですが、もう一つ違う視点でのメリットがあります。

ミスを防ぐしくみ

人間が行うことにはミスがつきものです。それはICT機器の操作においても同様です。たとえば、出欠席の登録で、本来であれば「欠席」にもかかわらず、間違って「出席」を選択してしまうこと、あるいはその逆も、人間が行うミスとして当然あり得ます。本来は「欠席」であるにもかかわらず、保護者が間違えて「出席」に登録してしまうと、登録上ではいるはずの子どもが実際には園内にはいないため、保育者の混乱を招くことになるでしょう。また、万が一、保護者が間違えて「欠席」の登録をしてしまい、なおかつ保育者がその情報を信じたままで、子どもがいないはずだと思い込み、結果として子どもが登園していることに気づかなかったとしたら、それこそ重大な事故に発展しかねません。

そこで、ミスを防ぐしくみとして、「出席」として登録する場合には体温や朝食摂取の有無などの様子を記入しなければ登録が完了できないようにしたり、逆に「欠席」とした場合には子どもの様子を登録できないようにしたりするなどの加工を施すことによって、間違いに気がつくしくみを組み込むことができます。

複数の連絡手段があるメリット・デメリット

登園時の保護者と保育者の子どもに関する情報伝達・共有だけに特化するのであれば、一斉メール配信システムやLINEなどのSNS（Social Networking Services）が便利です。電話に比べて、電子メールやSNSなどは、連絡内容がテキスト、いわゆる文字情報として受信されるため、その後の園内での情報共有がしやすく、間違いも起きにくくなります。

ただし、ここでも注意したいことがあります。保護者から園に対する連絡手段を複数用意しておくことは、保護者にとっては選択肢が増えるため利便性が高くなりますが、使用するツールごとに連絡状況の確認をする必要があります。その分、確認忘れなども起きやすく、緊急かつ大切な情報を見逃してしまうことにもつながりかねません。そのため、園の体制や保護者の状況を把握しながら連絡方法を絞ることも大切な環境整備といえます。

23 日中の保育

保護者のニーズに応える

保護者にとって、日中の園での子どもの様子を知る機会は少ないのが実情ではないでしょうか。とはいえ、園での様子を常に公開すればよいとは限りませんし、何でも知ることができるようにすればよいわけでもありません。まずは、園と保護者との日常的なかかわりにおいて信頼関係を築き、保護者が安心して子どもを園に委ね、日中の保育や子どもの様子を気にかけることなく仕事などに集中できるような状況を整えることが大切なのではないでしょうか。その上で、保護者の知りたいというニーズを満たすために、日中の保育を知ることができる環境も整えていきたいものです。

病気明けで子どもの様子が気になる、朝の登園時に泣いていたので園で楽しく過ごせているか気がかりなど、園のことは信頼しているけれど、子どもが日中どのように過ごしているのかを知りたい場合もあります。このようなとき、実際に園に様子を見に行ってもよいでしょうし、電話で保育者から様子を聞くこともできるでしょう。その際にICTを活用することによって、訪問や電話とは違った形で保護者の知りたいというニーズに応えることが可能になります。

リアルタイムでの保育の発信

Webカメラによる日中の様子の発信、いわゆる保育のライブ配信は、今日のICTが保育に導入されるようになった初期の頃から実践されている取り組みの一つといえます。類似のものとして、監視カメラによる保育中の様子の撮影もありますが、ICTを活用して保育を保護者が見ることができるようにするライブ配信とは一線を画して捉えなければなりません。つまり、保育に関連する保護者のニーズに応えるための取り組みとして、その場にいなくても保育を見ることができるようにすることと、不審者の早期発見や緊急事態の予防・早期発見、あるいは事故などの検証を行うことを目的とした監視カメラでは根本的に目的が異なることを意識しなければなりません。

もちろん、保育の発信を目的としたライブ配信が不審者の早期発見や事故の予防・検証につながることもあるでしょうし、監視カメラで捉える映像を日常の保育の様子として保護者に発信することも可能であり、互いに重なる部分が多く存在することも事実です。それでも、それぞれの目的に応じた使い分けをすることが必要ですし、目的に合わせて環境を整えていくことが大切です。

たとえば、日中の保育の様子をライブ配信として保護者に提供する場合には、カメラを設置する場所を吟味したり、配信する日時や場面を限定したり、視聴者が無断で録画できないようにするなど、純粋な監視カメラとしての役割をもたせないようにするなど、監視カメラかそれともライブ配信かの区別が明確になるような方法を検討することも大切です。

活動の様子を動画・写真として配信

保育のライブ配信は、リアルタイムに子どもの様子を見ることができるという利点がありますが、日中の子どもの様子を保護者に伝えるためには必ずしもライブ配信である必要はありません。遊びや活動のときに動画や写真を撮影し、それを保護者が事後的に見ることができるようにするのも一つの方法です。

これらに関してはさまざまな方法が考えられますが、一つは園のホームページを活用する方法です。今、ほとんどの園ではホームページを開設していますが、そのなかで日々の活動の様子をアルバムとして公開したり、ブログとして発信することで日中の保育の様子、子どもたちの様子を保護者が知ることができます。ただし、ホームページを活用する際には、不特定多数の人々の目に触れる可能性があるため、子どもの動画や画像がホームページに載ることに対する承諾をあらかじめ保護者から得るようにしたり、パスワードを設定して関係者しか見ることができないようにしたりするなどの対策を講じておくことが大切です。

他には、Instagram（Meta）やTwitter（Twitter）、Facebook（Meta）などのSNSツールを活用する方法です。SNSツールを活用する利点としては、情報発信を簡単に行えることや、新しい情報が発信されると相手に通知が届くため目にしてもらいやすいこと、さらには保護者をはじめとする閲覧者のリアクションを得やすいことでしょう。ただし、SNSでの発

信においてもホームページでの発信と同様に、誰もが見る可能性があることを想定した上で、必要に応じて非公開にするなどの対応をあらかじめ講じておく必要があります。加えて、気軽に情報発信ができるがゆえに、誤解を招く内容や不適切な内容の発信になってしまうこともあります。それぞれの保育者が十分なICTリテラシーをもち、どのような動画や画像を用いるか、文章は適切かなど、内容を十分に吟味したり、複数の保育者で内容を確認するといったルールを園で定めておくなど、欠点を最小にしつつ利益を最大化するしくみづくりをしておくことが大切です。

24 夕方のお迎え

ICTで正確に伝える

夕方のお迎えの時間は、日常において保育者と保護者が顔を合わせて言葉を交わすことができる貴重な機会といえるかもしれません。だからこそ、園での様子や家庭での過ごし方、子どもの育ち、保護者の悩みなど、顔を合わせるからこそできるコミュニケーションの時間として有効に活用したいものです。

ICTの「C」はCommunication（コミュニケーション）、つまり情報技術を用いてコミュニケーションを図ることを意味しています。言い換えれば、ICTは、コミュニケーションを取るために情報技術を活用すること、たとえば電子メールやSNSなどを、離れた場所でコミュニケーションを図るための手段として活用する意図があります。Zoom（Zoomビデオコミュニケーションズ）やMicrosoft Teams（Microsoft）、Google Meet（Google）などのオンライン会議システムも、SNSと同様に遠隔地でのコミュニケーションを意図した活用方法であり、特にコロナ禍を背景に急速に発展してきたICTツールといえます。このように考えると、ICTは対面でのコミュニケーションを「代替」するツールとして活用されることが多いように感じます。しかし、使い方によっては対面でのコミュニケーションを「補完」するツールとしての役割をもたせた活用方法も考えられます。実際に、対面でのコミュニケーションを図るとき、情報を伝達するためには言葉が中心になりますが、言葉で伝えられる情報は極めて限られています。そこでICTを上手に活用することで、より多くの情報をより正確に伝達することが可能になります。

コミュニケーションを補完するツールとしてのICTの活用

対面でコミュニケーションを図る際、言葉だけでなく、声の大きさや口調、表情、身振り・手振りも大切な役割を担っています。一説には、コミュニケーションに含まれるさまざまな要素のなかで、言葉が占める割合は一割未満ともいわれています。しかし、日中に子どもがどのように過ごしたかなど、具体的な情報の伝達や共有という意味においては、言葉に依存する割合が非常に高く、言い換えれば言葉でなければ伝えられないこともたくさんあるということです。つまり、保育者がどのような言葉、具体的にはどのような単語や表現方法、言い回しを用いるかによって情報が正しく伝わらなかったり、場合によっては間違った受け止め方をされかねないともいえます。普段、何気なく保護者と言葉を交わし、情報の交換や共有を行っていますが、このように考えると、実は言葉によるコミュニケーションは非常に高いスキルを必要とする行為といえるでしょう。

一方、言葉によるコミュニケーションに、文字や画像、動画を組み入れることで、より多くの情報を含ませることが可能になることもわかっています。人間は聴覚や視覚というさまざまな感覚を駆使してコミュニケーションを図っており、対面でのコミュニケーションにおいても、適切な情報伝達や共有を目的とする際には、言葉だけでなく、文字情報や画像、動画を活用することで効率的かつ正確なコミュニケーションにつながります。

これらのコミュニケーションを支える画像や動画の提示は、ICTツールの得意とする場面です。タブレットなどを用いながら、保護者に子どもの様子を伝えたり、子どもの健やかな成長発達を促すための情報を伝えることで、具体的かつ正確に伝わることを後押ししてくれます。また、家庭での様子や保護者が抱く子育てに関する困りごとなども、必要に応じて写真や動画として伝えてもらうように依頼することで、保育者としての適切なアドバイスにも結びつくのではないでしょうか。

日中の子どもの様子をデジタル・フォトフレームで

夕方のお迎えの時間で保護者とコミュニケーションを図る手段として、画像や動画を活用することの利点については先ほど触れたとおりです。先の活用方法は、特定の保護者とのコミュニケーションを図るなかでの補完的役割としての活用でした。

しかし、日中の子どもの様子を知りたいと感じるのは多くの保護者が抱くニーズともいえます。「具体的な言葉としては表さないけれども、知ることができるのであれば知りたい」。このようなニーズに応えるには、たとえば玄関先や保育室の出入り口など保護者が目にしやすい場所にデジタル・フォトフレームを設置して、その日の様子を画像として見ることができるようにすることも効果的です。もちろん、同様の場所にモニターを設置して画像のスライドショーや動画を流すことも可能ですが、手軽さや利便性を考慮した場合、デジタル・フォトフレームに優位性があるかもしれません。

デジタル・フォトフレームは、いわゆるフォトフレーム（写真立て）としての役割に特化しているため、比較的安価であり導入に対する負担が少ないでしょう。加えて、画面の大きなものや動画を再生できるもの、Wi-Fiを経由してパソコンやクラウド上の画像や動画を表示できるものなど、多様な機能で商品化されており、園内の環境や目的に合わせた選択ができることも利点となります。

日中に撮影した写真や動画をホームページやSNSなどで発信し、保護者が見ることができるようにすることも一つの方法ですが、園内に設置したデジタル・フォトフレームなどに表示された画像や動画を子どもと一緒に見たり、保育者から説明を受けながら見るのとでは、また違った意義を見出せるのではないでしょうか。

25 緊急時の保護者対応

子どもの安全確保が第一優先

保育における緊急時はさまざまな場面が想定されます。一つは、地震や津波、河川の氾濫といった自然災害です。さらには、火災や犯罪、交通事故などの人為的災害、そして、保育中に子どもが大きなけがや病気をしてしまった場合も緊急時といえるでしょう。

さて、第4章において、緊急時対応として園内での対応や保育者間の連絡・連携を中心にICTの活用に触れていますが、保護者に対する緊急時対応は、保育者間での対応とはそもそもの目的が異なるとともに、緊急時の背景や状況によっても変化します。

自然災害や人為的災害が発生したとき、保育のなかでは第一には子どもの安全確保が優先されますし、子どもを守るために保育者を含む職員自身の身を守ること、そして職員間で連携を図って子どもの安全を守る体制づくりをしていくことも優先して求められます。そして、子どもの安全が確保され、場合によっては避難が完了した後に、保護者への対応へと進んでいきます。対して、保育中の事故により子どもが大きなけがをした場合などには、子どもに対する救急対応と並行して、保護者への連絡も行うなど、背景と状況に応じて緊急時における保護者への対応の優先度は変化していきます。

緊急時における園内や保育者の対応方針については、保護者への対応も含めて、どの段階で何を行うかマニュアル化されているところが多いかと思います。いずれの場合においても、各段階でのそれぞれの対応を適切に行っていくことが、緊急時における被害や損害を最小限にすることにつながります。ICTは、保護者への対応においてもその効果を発揮する場面があります。

緊急時初期の連絡手段・情報発信としてのICTの活用

あまり想像したくないことですが、たとえば保育中の事故により子どもが大きなけがをしたとします。そこで、救急要請をしたり、保護者へ連絡する際には、まずは園に備えられている固定電話での連絡が一般的ですし、現状では最も適切な緊急時の連絡手段といえるでしょう。その後、救急搬送中や医療機関での様子など、刻々と変化する状況をその都度保護者に電話で連絡することは、少しでも早く子どものもとに向かいたいと願う保護者の行動を遮ることになるかもしれません。

そのようなときには、一対一でのやりとりを行える電子メールやLINEなどのコミュニケーションツール、あるいはSNSのDM（ダイレクトメッセージ）機能を活用することが考えられます。ただし、これらを活用することは、やりとりが文字として残ります。保護者が不安にならないようにするためとはいえ、必要以上に安心感を与えるような表現をしないことや、逆に不安を煽るような表現をしないなど、伝える内容や伝え方に関しては十分に吟味することが大切です。

他方、自然災害や人為的災害においては、固定電話や携帯電話などが使用できなくなる可能性があります。園で火災が発生した場合には、固定電話がそもそも使えなくなりますし、地震などの自然災害では必ずしも園が被災していなくても地域の停電や通信インフラの崩壊によって固定電話や携帯電話による通話ができなくなることも想定されます。仮に電話が使えたとしても、すべての保護者に電話で状況を伝えるには、緊急時ではあまりにも多くの時間を要し、現実的な対応とはいえません。このようなときには、一斉メール配信やホームページ、SNSなど、多くの保護者に一括で発信することのできるICTツールを活用することが効果的です。ただし園内での緊急時対応と同様に、活用する手段や順序をあらかじめルール化し、それを保護者と共有しておくことも大切です。

緊急時の二次的対応としてのICTの活用

地震や津波などの自然災害は、被害を受ける地域が広範囲にわたるとともに、収束までに多くの時間を要することがあります。そして、子どもの安全を確保し、避難場所まで避難することができたら、安全に避難できたことや避難場所を保護者に伝達するという緊急時における二次的対応に移行します。しかし、刻々と変化する状況のなかで、災害直後には使えていた連絡手段も、時間が経つにつれて使えなくなることもあり得ます。

このような二次的対応として、できるだけ多くの連絡手段をあらかじめ確保しておくことが一つの備えとなります。具体的には、災害時の避難所などに設置される掲示板や、被災状況によっては園に連絡用の掲示板を設置することなどをあらかじめ決めて周知しておくなどのアナログ的な対応に加え、災害伝言ダイヤルやホームページ、SNS、音声通話機能を備えたLINEなどコミュニケーションツールなど、複数のICTツールも使えるようにしておきたいものです。

緊急時の二次的対応では、一分一秒を争う安全確認や避難が求められる初期段階よりも時間に余裕があるため、どのようなツールを優先的に用いるかよりも、アナログ的対応も含めてできるだけ多くのツールを用いて情報発信や連絡を試みることが大切です。その際には、どのような連絡手段・情報発信手段を備えているのかをリスト化し、保護者に伝えておくことで、災害における緊急時での効果的な二次的対応につながるでしょう。

26 行事運営

行事における保護者との連携

年間をとおして行われる園での行事は、子どもにとって楽しみな時間であるばかりでなく、保護者にとっては子どもの成長した姿や園で楽しく生活している様子を直接的に実感できる貴重な機会です。そして保護者の子どもが園での生活を楽しんでいることへの喜び、成長していることへの実感の積み重ねが、園や保育者への信頼に結びついていきます。それゆえに、保護者が園の行事に参加することは重要な意味をもっているといえますが、新型コロナウイルス感染症によってその多くの機会が失われました。コロナ禍における、オンライン会議システムでの配信や動画配信などICTツールを活用した行事の実践については、第4章で触れていますので、ここでは行事運営における保護者との連携の視点からICTの活用を考えていきます。

保護者の意向を把握するためのICTの活用（日程調整）

園で行われる行事には、七夕や節分、ひな祭りの会のように子どもたちだけで実施されるものもあれば、運動会や発表会、親子遠足、さらには入園式や卒園式などのように保護者が参加するものもたくさんあります。保護者が参加する行事の日程調整は、園にとっては頭を悩ませることの一つではないでしょうか。

コロナ禍でのICTツールの活用によって、保護者の参加の仕方も多様化したため、以前よりは柔軟な行事運営が可能になりました。それでも可能であれば保護者自身の目で子どもの姿を見たいという思いはあるでしょうし、ましてや親子遠足のような行事はオンラインによる参加というわけにはいきません。

行事運営にかかる日程調整では、たとえば園の方針として、入園式は4月第1週の土曜日などと日程を固定している場合もあるでしょうし、近隣の小学校の行事や保護者の都合などに配慮しながら日程を決める場合もあるでしょう。もちろん、おおよその行事の日程は新年度の早い段階で保護者に伝達するでしょうし、それに合わせて保護者も予定を調整することになります。

しかし、この数年来あったように園内での新型コロナウイルス感染症の発生状況により、急遽予定を変更しなければならない状況が起きたときなどには、改めて日程調整が求められます。このような状況は、新型コロナウイルス感染症だけでなく他の感染症の発生状況によっても起こり得ますし、感染症以外の理由で当初の予定を変更しなければならないこともあります。その際、すべての保護者の都合に合わせることは難しいけれど、保護者が参加する行事についてはできるだけ参加してほしい、また参加できるように可能な限りの配慮をしたいと考えることでしょう。

このようなとき、子どもの送迎時などの時間を利用して、それぞれの保護者に都合のよい日程を聞いたり、文書を配布して都合のよい日程を把握することもできます。また、ICTを活用することで、さらに簡便に保護者の意向を把握・確認することができます。

日程調整ツールを使う

日程調整だけを目的とするのであれば、クラウドやWebサイトを経由する日程調整ツールが便利です。無料のものや有料のもの、他の回答者の回答も同時に見ることができるもの、集計結果を自動表示してくれるものなど、現在、多くの日程調整ツールが開発・公開されています（図5-1）。多くは、日程調整を行うためのURLやQRコードを対象者に配布し、回答してもらうことで、都合や意向を簡単に収集・集約することができます。日程調整ツールによって、表示方法や機能も異なりますので、どのような日程調整ツールが有効かを比較しながら検討してみるとよいでしょう。

日程調整ツールは非常にシンプルで使い方も簡単という特徴がありますが、無料のツールは広告が表示されるものがあったり、公的に使うには少しくだけた印象をもたれることもあります。重要な内容であることから一定程度の格式をもって日程調整を行いたい場合には、Google FormsやMicrosoft FormsのようなWebアンケート作成ツールの活用が考えられます。Webアンケート作成ツールを用いることのメリットは、アンケートのデザインも加工できるため、目的に応じたアンケートのイメージづくりができる点です。また、

図5-1　日程調整ツールの例（調整さん）

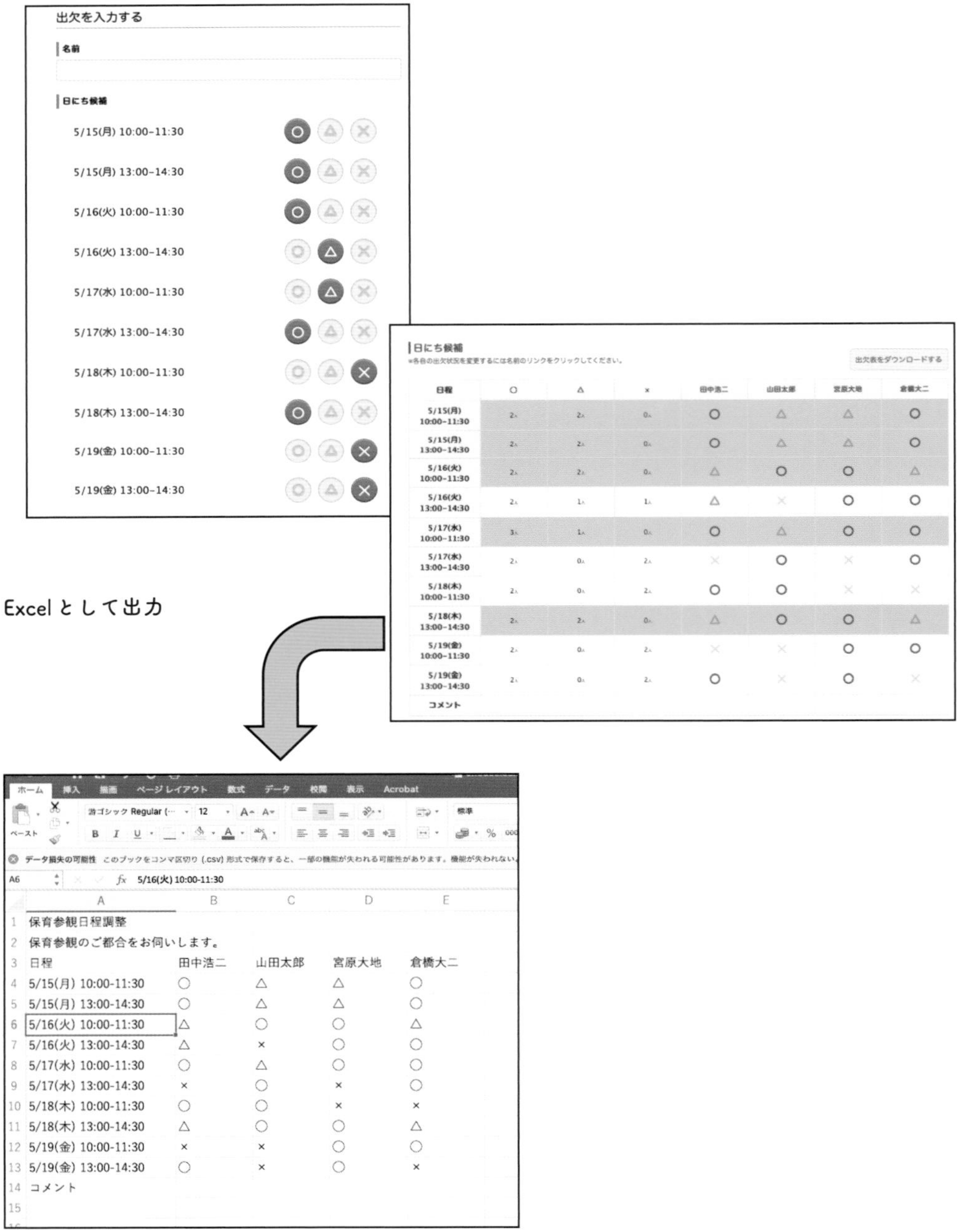

出欠を入力する

名前

日にち候補

5/15(月) 10:00-11:30
5/15(月) 13:00-14:30
5/16(火) 10:00-11:30
5/16(火) 13:00-14:30
5/17(水) 10:00-11:30
5/17(水) 13:00-14:30
5/18(木) 10:00-11:30
5/18(木) 13:00-14:30
5/19(金) 10:00-11:30
5/19(金) 13:00-14:30

日にち候補
※各自の出欠状況を変更するには名前のリンクをクリックしてください。
出欠表をダウンロードする

日程	○	△	×	田中浩二	山田太郎	宮原大地	倉橋大二
5/15(月) 10:00-11:30	2人	2人	0人	○	△	△	○
5/15(月) 13:00-14:30	2人	2人	0人	○	△	△	○
5/16(火) 10:00-11:30	2人	2人	0人	△	○	○	△
5/16(火) 13:00-14:30	2人	1人	1人	△	×	○	○
5/17(水) 10:00-11:30	3人	1人	0人	○	△	○	○
5/17(水) 13:00-14:30	2人	0人	2人	×	○	×	○
5/18(木) 10:00-11:30	2人	0人	2人	○	○	×	×
5/18(木) 13:00-14:30	2人	2人	0人	△	○	○	△
5/19(金) 10:00-11:30	2人	0人	2人	×	×	○	○
5/19(金) 13:00-14:30	2人	0人	2人	○	×	○	×
コメント							

Excelとして出力

	A	B	C	D	E
1	保育参観日程調整				
2	保育参観のご都合をお伺いします。				
3	日程	田中浩二	山田太郎	宮原大地	倉橋大二
4	5/15(月) 10:00-11:30	○	△	△	○
5	5/15(月) 13:00-14:30	○	△	△	○
6	5/16(火) 10:00-11:30	△	○	○	△
7	5/16(火) 13:00-14:30	△	×	○	○
8	5/17(水) 10:00-11:30	○	△	○	○
9	5/17(水) 13:00-14:30	×	○	×	○
10	5/18(木) 10:00-11:30	○	○	×	×
11	5/18(木) 13:00-14:30	△	○	○	△
12	5/19(金) 10:00-11:30	×	×	○	○
13	5/19(金) 13:00-14:30	○	×	○	×
14	コメント				
15					

アンケート項目や回答方法も柔軟に設定できるため日程調整に限らず、関連する内容も付加しながらアンケートを構築できます。

先にも触れましたが、行事に限らずすべての保育の場面や内容において、保護者全員の意向や都合に応えることは難しく、最終的には園の決断が求められます。どのような決定を行うにしても、何を根拠にその決断をしたのかを説明できることが重要です。その際、保護者の思いや意向を直接聞いたり、日程調整ツールやWebアンケート作成ツールなどを活用しながら確認した結果を参考にしたこと、つまり、保護者の都合や意向を確認したという事実が、園の判断・決定の根拠となり、スムーズな行事運営につながることでしょう。

保護者の意向を把握するためのICTの活用（感想）

運動会や発表会などは、テーマを決め、日々練習や準備を重ね、当日を迎えます。そこまでの道のりは決して平坦ではなく、本番当日まで子どもたちも保育者も精一杯の力を注ぎ、その成果を発表します。だからこそ子どもたちも保護者も、そして保育者もたくさんの感動を味わいます。その意味においては、やり遂げることが大切ですし、やり遂げることが子どもたちの大きな成長につながるのだといえるのでしょう。

一方、保育や行事がさらによいものへと発展していくためには、振り返りが重要です。保育者が自分自身の振り返りをすることも大切ですし、園全体として振り返ることも次へのよりよい行事運営を考えていくための材料になります。そのなかで、保護者がどのように感じたのかを知ることも次への発展のための貴重な材料です。保護者の感想などは行事が終わった後で直接伝えられたり、手紙などをもらって知ることもあるでしょう。ただし、このような形で伝えられる感想は得てして好意的なものが多いと思われるのではないでしょうか。もちろん好意的な感想をもらうと、保育者も満足感を得ますし、やりがいも感じることでしょう。

しかしながら、行事をよりよいものへと発展させるには、あえて批判的な意見や今後の課題となるような意見にも耳を傾け、向き合うことが大切です。そのためには、前向きな意見に加え、保育者に直接言いにくいようなことも伝えられる仕組みや工夫が必要です。それは、無記名のアンケート用紙の配布でも可能ですし、Google FormsやMicrosoft FormsなどのWebアンケート作成ツールを用いれば効率的に配布・回収・集約ができます。

もちろん、Webアンケート作成ツールでも無記名のアンケートとすることができます。実際に無記名で感想や意見を収集すると、時として率直なあまり保育者が傷ついてしまうような意見が集まることもあります。また、すぐには改善できないような意見が集まることもあります。しかし、ここで大切なことは、すべての意見に対して改善を試みるのではなく、さまざまな意見があることを受け止めること、そして将来の保育や行事の進化・発展に役立つ意見にしっかりと目を向け今後の改善につなげること、そして園や保育者の信念を確立することです。このことが明日以降のよりよい保育・行事へとつながります。

緊急の予定変更などの連絡

園では、遠足や運動会など天気の影響を受ける行事もあります。近年は天気予報の精度も高くなっているので、前日までに開催か中止の判断・決定ができることも増えていますが、判断が難しく当日の朝まで決定できないこともあります。他にも、感染症の発生状況などによって、急遽予定を変更しなければならない事態もあり得ます。急な変更や決定が先延ばしになっている場合には、決まったことを速やかに保護者や関係者に連絡することが大切です。それを怠ると園や保育者への不信感につながることもあります。

このようなときにもICTツールは有効に活用できます。具体的には、一斉メール配信システムやSNSを用いることで、保護者に情報がいち早く届きますし、ホームページなどで発信すれば関係者全員が確認することができます。急な変更などを知らせる対象者がそれほど多くない場合であれば、LINEなどのコミュニケーションツールであらかじめグループを作っておけば、準備段階からの情報共有にも役立つでしょう。ただし、コミュニケーションツールでグループを作った場合には、目的を達成したのちはグループを削除したり、解散することも忘れずに行いましょう。

このように行事などの急な予定変更の連絡のためのICT活用では、さまざまなICTツールが想定されますが、この場面で大切なことは、情報が確実にかつ、早く届くということです。日常の保育で用いられているICTツールであれば問題ありませんが、新たに導入する場合には必要に応じてテスト（試験配信など）を行い、確実に届くかどうかを確認しておくことが大切です。そして、あらかじめ保護者にどのような手段で伝達するのかを周知しておくことが、伝達ミスや混乱を防ぐことにつながります。

練習の様子を保護者に発信

子どもたちが日々練習し、その成果を保護者の前で披露する行事に運動会や発表会などがあります。このような行事の際、保護者は子どもたちが練習していることを当然知っていることと思いますが、実際に子どもたちが練習をしている姿を見る機会は少ないのではないでしょうか。

練習の様子を見ずに本番での演技や発表する姿だけを見るのがよいのか、練習している姿を見た上で本番を見るのがよいのかは一長一短ありますし、考え方によって賛否が分かれるところでしょう。しかし、これまでは子どもたちが練習している姿を保護者に見せるためには、保護者を園に迎え入れ、観覧できる時間や場を提供しなければならないといった事情が練習を公開することのハードルになっていたのではないでしょうか。実際に子どもたちが練習している姿を保護者に見てもらう機会を提供するかどうかは、各園の考え方によるところですが、ここで一つ言えることは、ICTツールを活用することで、練習を公開するハードルを下げ、子どもたちが練習している姿を保護者に見せるという選択肢を採用しやすくなるということです。

ZoomやMicrosoft Teams、Google Meetなどのオンライン会議システムを用いて練習している様子をリアルタイムに発信したり、練習風景を録画・編集したのちにクラウド上や動画配信サイトで公開することもできます。また練習風景は必ずしも本番前に見せなければならないわけではなく、動画として視聴できるようにするのであれば、本番が終わった後で公開することも可能です。加えて、本来であれば保護者が知る術もない、本番に至るまでの保育者の取り組みなども保護者が見ることができるようにすることで、保育者に対する見方が変化するかもしれません。第4章でも触れているようにICTツールを活用することで、行事運営のあり方や展開の仕方、行事をとおして保護者に感じてもらいたい保育の意図などに工夫を凝らすことができるのではないでしょうか。

27 園だより・おたより・連絡帳

文書・配布物はコミュニケーションツール

園だよりなどの文書・配布物の作成については、ICTがまだITと呼ばれていた時代、あるいはそれ以前のワープロ（ワードプロセッサ）が普及した頃から活用している園もあるのではないでしょうか。その意味においては、保育のなかでも非常に早い段階でデジタル化が導入された場面だといえます。とはいえ、現在でも手書きで園だよりやおたよりを作成している園もあります。連絡帳への記載になるとさらに多いのではないでしょうか。このように、すべての園で保護者への文書や配布物がICT化されているわけではありません。では、なぜICT化されないのか、またICT化を進めるとどのような利点があるのかをみていく前に、これらの文書・配布物の特性について考えてみましょう。

園だよりやおたより、連絡帳などの共通点は、保護者との連絡ツール、コミュニケーションツールとしての性質をもっていることです。つまり保育業務のなかで作成される指導計画や記録のように、単に情報として残したり、伝達することだけを目的としているわけではないということです。これら保護者向けの文書では、記載される内容もさることながら、園や保育者の思いや気持ちも併せて伝えたい、感じてほしいという願いや期待が込められていることでしょう。このような背景を踏まえると、単に業務の効率化だけを目的にすることができない状況を理解することができます。

手書きは個性が表れる

手書きによる文章では、綴られる一つひとつの文字が保育者の個性として表れ、保育者の思いや温かみが読み手に伝わりやすいです。感覚的な印象ではありますが、そのような効果があるのも事実でしょう。反面、手書きによる文章や文字の読みやすさは、書き手と読み手の性質に大きく依存します。わかりやすくいえば、読みやすい文字を書けるかどうか、またどのような文字を読みやすいと感じるかは個人個人の特性によります。書かれた文字に対して書き手と読み手の特性が一致していなければ、読んでもらえないといったことも起こってしまいます。すべての保育者が読み手を意識した文字、読みやすい文字を書くことができれば理想的ですが、日常生活のなかですら文字を書く機会が減っている現代社会においては少々高望みかもしれません。

一方、Microsoft Word（Microsoft）などのワープロソフトで綴られる文字は比較的読みやすい反面、温かさを感じづらかったり、場合によっては冷淡に受け止められることがあるのも事実でしょう。

このような観点において、手書きとワープロソフトによる文字や文章は、相反する利点と欠点を有しているといえます。つまり、利点を重視すると欠点も現れ、欠点をなくそうと思えば利点も生まれないという事態に陥るのです。園内でのICT環境の整備状況や保育者のICTスキルも含め、園だよりやおたより、連絡帳などの文書・配布物を作成する際、保護者に適切に情報を伝えることを重視するのか、それとも保育者の個性や思いを伝えることに重きを置きたいのかによって、手書きにするのかワープロソフトを用いるのかを使い分けていることもあるでしょう。

これを解決する方法は、おおむね二つです。一つは、読みやすい手書きの文字を書くことです。そして、もう一つは、ワープロソフトで温かみのある気持ちのこもった文字や文章を作ることができるようになることです。近年のICTの進化は、ワープロソフトの欠点をも補う変化をもたらしている状況にも触れながら、園だよりやおたよりなどの文書・配布物を作成することの利点についてみていきます。

ICTを活用して文書を作成することの利点

前述したように、園だよりやおたより、連絡帳など園で作成される保護者向けの文書を、WordやPages（Google）などのいわゆるワープロソフトを用いて作成することについては意見の分かれるところです。ワープロソフトは、使う人のスキルにもよりますが、効率性の高さもさることながら、読みやすさという点においては手書きよりもすぐれています。

まず、作業の効率性について従来の機能などから概観すると、作成した文章の加筆・修正における利便性の高さが利点として挙げられます。わかりやすい文章、誤解を招かない文章にするためには、繰り返し推敲を行うことが必須です。重要な内容であるほど、複数の人による確認や加筆修正が必要であり、ワープロソフトであれば随時修正を加えることができます。他にもデザイン性やレイアウトの柔軟性の高さからも手書きよりワープロソフトに優位性があります。

また、書体、いわゆるフォントの多さもワープロソフトを活用することの利点です（図5-2）。現在では従来のフォントに加えて、デザイン性の高いフォントや手書き風のフォントなど、多様なフォントが数多く配布されており、作成する文書の内容や趣旨、目的に合わせて柔軟に選択することで、堅い雰囲気にも柔らかい雰囲気にも表現することができます。さらに、まだ発展途上にありますが、自分自身の文字をフォントにするサービスなどもあります。このようなサービスを使うと、ワープロソフトを用いながら、自分自身の文字で綴ったような文書を作成することができるようになり、手書きによる文章の温かみを一定程度は再現できるのかもしれません。

ICTのなかでもワープロソフトは非常に歴史の長い領域ではありますが、今後もさまざまな形で発展していくことが期待されます。手書きで書くことの意味や意義も大切にしつつ、作成する文書・配布物の目的を確実に達成できるように、また保育業務の効率化などの視点も含めて、ICTの活用を考えていきたいものです。

図5-2 さまざまなフォントの例

おはようございます。(MSP 明朝)
おはようございます。(MSP ゴシック)
おはようございます。(ヒラギノ丸ゴシック)
おはようございます。(DFP 隷書体)
おはようございます。(ARP マーカー体)
おはようございます。(TA アヤ)
おはようございます。(DFP クラフト遊)
おはようございます。(たぬき油性マジック)
おはようございます。(みかんちゃん-P)
おはようございます。(みゆきFONT ペン字 P)
おはようございます。(切絵字)
おはようございます。(モフ字)

園だよりで思いを発信する

子どもによい保育を提供するためには、保育者と保護者との連携が不可欠です。朝夕の送迎時をはじめとして、さまざまな場面で、子どものこと、園での様子、家庭での様子などを伝え合っていることでしょう。連携を進めるなかで、どのような方針や思いで保育を行っているのか、また家庭ではどのような考えで子育てをしているのかなど、保育者と保護者とがそれぞれの思いを共有しながら一人ひとりの子どもの保育につなげています。そこで、園や保育者の思いを保護者に発信する大切な手段となるのが園だよりです。

園だよりに含まれる内容は園によるところですが、その月の方針や目標・ねらい、行事予定、具体的な活動内容、クラスの子どもの様子などが記載されていることでしょう。さらには、給食の献立なども掲載されているかもしれません。少なくとも園だよりは、一度見たら終わりになる配布物ではなく、毎日確認してもらいたい内容が含まれていることもあります。このような文書・配布物は印刷物、つまり紙媒体として配布されることが多いかもしれませんが、日々確認してもらいたいものだからこそ、いつでもどこでも見ることができるようにしておくことも大切です。

具体的には、園のホームページで公開したり、園所有のクラウド上に入れておくなどの方法が比較的利便性の高い手段となります。特に、クラウド上で見ることができるようにしたときには、園だよりにたどり着くまでが複雑になる場合もあるので、QRコードなどを用いるとより利便性が高まります。

また、大切なおたよりやお知らせ、園に提出してもらいたい書類なども、必要に応じてホームページ上で確認できたり、ダウンロードできるようにしておくと、紛失した場合の再配布を省略できます。

ホームページなどのWebサイトやクラウドなど、インターネット環境を活用する際には不特定多数の誰もが見る可能性があることを前提に、対象者を保護者などの関係者だけにしたい場合には、公開するページや文書・配布物にパスワードを設定するなどのセキュリティ対策を講じましょう。特に、園だよりで子どもの写真やプライベートな情報が記載されているときにはより注意深い対策が求められます。

保育学生の
ICT活用術

28 授業の理解　①演習

コロナ禍の変化

大学や短期大学などの保育者養成は、演習や実技の授業が多いことが特徴だといえます。それは、保育を行ううえで、知識ももちろん必要だけれども、子どもたちに向き合ったときに実際に「できること」が重要だからです。ピアノ演奏や絵本・紙芝居の読み聞かせ、活動時の声かけ、おむつ交換、子どもたちの安全を守るための配慮、実習日誌や指導計画の立案など、技術として身につけなければならない要素が数多く存在します。これら保育者として求められる技術は、授業内での演習をとおして習得することが一般的でした。

しかし、新型コロナウイルス感染症の感染予防対策として、多くの大学では学生が教室に集まって授業を受ける集合型や対面型での授業ができなくなりました。当初は、授業に関連する資料・課題などを電子メールや郵便で送付しながら授業を展開していましたが、技術の指導やグループワークなどをとおした学びは滞った状況が続きました。このような状況に変化をもたらしたのが、Zoom（Zoomビデオコミュニケーションズ）やMicrosoft Teams（Microsoft）、Google Classroom（Google）といったオンライン会議システムやオンラインでの授業支援システムの普及・活用でした。これらのICTツールを活用することで、資料や課題の提示はもちろん、動画としての授業配信、Webカメラを用いてのリアルタイムでのオンライン授業などが可能になりました。

オンライン授業支援システムを活用したグループワーク

ZoomやMicrosoft Teamsなどに代表されるオンライン授業支援システムは、数十人あるいは数百人を対象とした講義形式の授業が可能です。同時に、Zoomでのブレイクアウトルームなどは、参加者をグループ分けして、グループメンバーだけでのやりとりが行える機能を備えています。このような機能を活用することで、全体からグループワークへ、また全体に戻るといった通常の授業等でも行うグループワークの展開が可能になります。人数が多い状態では発言しにくいが、少人数であれば活発に発言できるなど、個人あるいは集団の特性に合わせながら効果的なグループワークの運営につながります。

オンライン授業支援システムを活用した発表・技術の習得

人の前に立っての発表や、何かを演じることは誰でも少なからず緊張することでしょう。上手に人前で発言したり、何かを披露するためには、あらかじめ自分自身のなかで話をする内容を整理し、実際に誰かに向けて発表・披露することを積み重ねることが必要です。つまり、たくさんの経験を積んで慣れることが大切です。ZoomやMicrosoft TeamsなどのオンラインS授業支援システムやLINE（LINE）やFaceTime（Apple）のビデオ通話を活用することで、人に向けて発表したり、披露することを簡便に行うことができます。

加えて、ZoomやMicrosoft Teamsなどでは録画機能もあり、自分自身の発表を改めて確認することもできるため、よい部分の把握や改善点の確認がしやすくなることもICTを活用することの利点といえるでしょう。

ビデオ通話を用いた手遊びの練習

29 授業の理解　②振り返り

ICTで効率的に

新型コロナウイルス感染症対策に端を発する学び方の変化において大きく変わったことの一つが、授業の振り返り方かもしれません。保育者としての知識や技術を身につけるにあたり、日々学んだことを振り返りながら習得していくことが求められます。そして、実際に授業等の振り返りをするときには、テキストや参考書、ノートなどを机の上に広げ、理解したことやわからなかったことを再確認することになるでしょう。

しかし、特に、短期間で数多くの授業を履修して知識や技術を習得しなければならない短期大学や専門学校などでは、毎日の授業を受け、提示される課題等に対応するだけで精一杯になってしまい、十分な振り返りを行うための効率的な時間管理や学習方法の確立が求められます。ICTは、効率的な時間の使い方を提供してくれるため、授業の振り返りの場面にも活用することができます。

クラウド上に保存された資料での振り返り

コロナ禍において遠隔授業のために多くの大学などで導入されたMicrosoft TeamsやGoogle Classroomなどの学習支援ツールでは、資料がクラウド上に保管されており、いつでも見たいときに確認することができるという利点があります。もちろんMicrosoft Teamsなどの学習支援ツールを使わなくても、一般的なクラウドを使うことで同様のことは可能です。このようにクラウド上に資料が保存されていることにより、インターネットに接続できる環境さえ整っていれば、いつでも、どこでも、そしてスマホなどどのような端末でも確認することができるため、通学途中や少しの空き時間で効率よく振り返りをすることができます。

クイズ作成ツールの活用

保育者にとって子どもの発達段階に応じた声かけやかかわり方、援助の仕方など保育技術を身につけることはもちろん大切ですが、その技術を支えるための知識が必要です。子どもの発達や遊びに関すること、保育の理論、保育所保育指針など、保育者が理解・習得しておくべき知識は数多くあります。知識を記憶として留めておくためには反復することが重要であり、これを可能にするICTツールとして、Google FormsやMicrosoft FormsのようなWebアンケート作成ツールや単語帳作成ソフトウェアがあります。これらのツールを用いて自分自身で問題と解答を作り、繰り返し反復学習を行うことができます。また、クラス全体や友人などの複数人で問題・解答を共有することにより、ゲーム感覚で学習することができ、効率性や学習効果も高まります。

30 実習の事前準備

二つの事前準備

学生が自信をもって実習に臨むためには、事前の準備が欠かせません。ここで実習の事前準備という場合、大きく二つの側面があります。一つ目は、実習に関連する内容の準備です。具体的には、実習期間や時間、実習中の服装、担当するクラスなど、実習に際して実習生が知っておく必要がある事項の把握です。これは多くの場合、実習オリエンテーションとして事前に実習先を訪問して、実習先の指導者と打ち合わせを行いながら準備を進めることが一般的です。また、実際に訪問することで、実習先の雰囲気も感じることができるため、実習生にとって実習オリエンテーションは実習に臨むための大切な機会となります。

二つ目は、実習に臨む実習生自身の知識・技術としての準備です。実習は、現場を体験する機会であると同時に、自分自身の知識・技術が現場で通用するのかを知る機会でもあります。この点については、「33 遊び・活動」の項で触れることとします。

ICTを活用した実習オリエンテーション

新型コロナウイルス感染症の感染拡大状況や他の感染症の発生状況によって、実習生も含め外部の人が保育所、幼稚園、認定こども園（以下、園）に出入りすることを制限しなければならない状況が起こり得ます。また、居住地と実習先が離れているなど、容易に訪問できない状況もあります。このような場合には電話等でオリエンテーションを実施することはありましたが、Zoomなどのコミュニケーションツールを活用することで電話よりも効果的なオリエンテーションを行うことができます。

もちろん実習先の理解と協力も必要になりますが、コミュニケーションツールを用いたオリエンテーションを行うことで、実習時に必要となる事項の伝達だけでなく、職員や子どもたちの様子、園内の雰囲気なども把握することができます。

準備・持ち物等の確認

日頃の生活も含めて、いつ、何をしないといけないのかを確認することが大切です。特に実習に関連する事柄については、丁寧に確認するなど、慎重に進める必要があります。

また、実習前に行うことや持ち物の準備などの確認を進めていくと、必要なことや物が随時追加されていきます。メモを取ったり、紙のチェックリストに書き込んでいくことも方法としてはあり得ますが、ICTツールを用いることで柔軟かつ確実に対応することができます。

このようなときに活用できるICTツールが、Google ToDo リスト（Google）やMicrosoft To Do リスト（Microsoft）などのタスク管理ソフトやチェックリストソフトです（図6-1）。これらのソフトウェアを活用することで、日々のタスクをチェックリストで管理し、作業の終了後には完了確認もできるため、何を行ったか、また何が未完了であるかを容易に把握することができます。また、ソフトウェアの種類によっては、タスクに階層を設けることもできるため、実習準備のように複数のタスクがある場合に便利です。

図6-1　タスク管理ソフトの画面（Microsoft ToDoリスト）

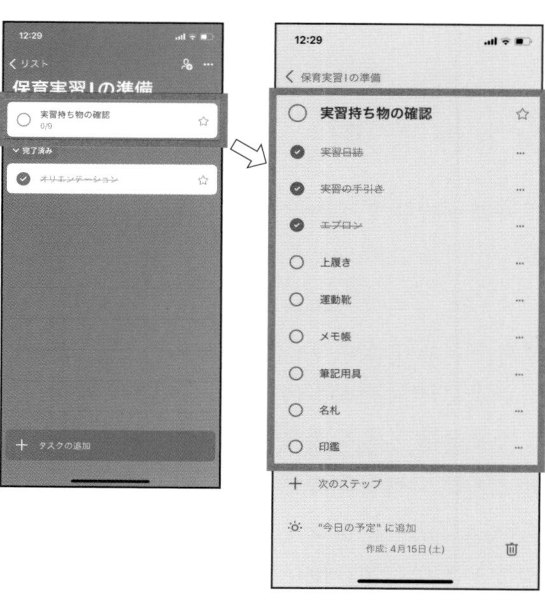

31 実習日誌

実習日誌はコミュニケーション手段

実習日誌は、実習生が実習中にどのような実習を行ったか、何を感じたかなどを記録として残すものです。同時に、実習先の実習指導者も常に実習生の行動や様子を把握しているわけではなく、また実習生もいつでも質問などができるとは限らないため、実習日誌をとおして行動や考えを伝えたり、感じた疑問などに実習指導者が答えるなどのコミュニケーションの手段となります。このように、実習日誌は実習を行う上で大切な要素となっている一方、よい実習日誌を作成しようと思えば思うほど作成に多くの時間と労力を要します。

実習日誌の作成でICTをうまく活用できれば、負担軽減や質向上につながる可能性があります。ただし、後の指導計画の作成等も同様ですが、実習におけるICTの活用や活用を目的としたスマホなどICT機器の携帯・使用には、実習生のICTリテラシーはもちろん、大学や実習先の理解や判断が必要になるため、十分な検討と確認が前提になります。

メモの活用

実習中に起きた出来事や感じたことなどをすべて記憶に留めておくことは人間の能力として不可能です。したがって多くの実習生はメモ帳を携帯し、必要に応じてメモをとっていることでしょう。しかし、場合によっては、メモをとるためにボールペンやシャープペンシルを携帯することが子どものけがや事故につながりかねないということで、メモをとること自体が禁止されている場合もあります。

ICTを活用することで、実習日誌を作成するための情報を残すことが容易になります。たとえば、多くのスマホにはメモ機能が備わっています。このメモ機能を手書きのメモ帳がわりに活用できます。実習生によっては手で文字を書くより短時間で入力できるため、手書きよりも効率性が向上します。

実習日誌のICT化

実習日誌そのものをMicrosoft Word（Microsoft）やMicrosoft Excel（Microsoft）などで作成することは、日誌としての質の向上にも役立ちます。記録を残す際には、環境設定の様子やどのような出来事があったのかを具体的に記すことが大切です。その際、文章だけで残すのではなく、写真や動画も活用することができれば、より具体的な情景として記すことができます。

またICTを用いて実習日誌を作成し、保存場所をクラウドにすることで、通常であれば実習生と実習指導者との間でしかやりとりが行われない実習日誌に、大学などの教員も参画することができ、効果的な実習や実習指導につながります。

32 指導計画の作成

具体的かつ詳細に記す

実習中の大きな課題として、実習生が担当するクラスの1日の一部分を担当する「部分実習」、そして1日を担当する「責任実習」があります。いずれの実習においても、指導計画を作成することが基本になります。というのも、実習生がいきなり子どもたちの前に立ち、何らかの活動を提供することは現実的に不可能だからです。現場の保育者は、園の方針や子どもたちの成長発達の様子から先を見通し、目の前の子どもたちにとって何が必要かを考えながら保育を実践しています。この先を見通す力を身につけるためには、指導計画が重要な役割をもちます。保育実践のなかでのICTの活用として、第3章で指導計画作成場面での活用に触れていますが、実習生の指導計画作成とは少し趣が異なります。

保育現場での指導計画では、年間指導計画や月間指導計画などの各指導計画のつながりが重視されるのに対して、実習で作成する指導計画は、主に日案（デイリープログラム）になります。日案では、その時間帯にどのようなことが行われるのかを、詳細かつ具体的に記載することが大切になります。つまり、実習生がどのような目的や意図をもって活動を行うのか、そのためにどのような準備を行うのか、さらに子どもと向き合った際にどのようなかかわりや言葉がけをするのかなど、実習生がこれから行おうとする部分実習や責任実習に関する内容が示されると同時に、そのことを実習指導者と共有する手段にもなっています。そのため、何度も見直し、修正を繰り返す必要があるとともに、出来上がりの質（文字の読みやすさや丁寧さ）も求められます。

コメント機能を活用する

もちろん、実習の指導計画の作成にICTを活用することの賛否はあります。手書きで指導計画を作成した際に、読みやすい文字が書けるように日頃から文字の練習をすることも大切だと思いますし、苦労しながら何度も書き直すことにも一定以上の意味を見出すことができます。実習先に提出する指導計画について手書きでなければならないのか、またはWordやExcelなどのICTを用いて作成してもよいのかは、大学などや実習先の判断になります。実習先の判断として、ICTを活用して指導計画を作成することが認められているのであれば、最初からICTを用いて作成することができますし、認められていなくても清書の前段階まではICTを用いての指導計画を作成することが可能です。

指導計画作成に際してICTを活用する利点は、削除や修正の「変更の履歴」を残すことができる点です。以前にどのようなことを書いたのか、またそれをどのように修正したのかを時系列で確認しながら修正を繰り返すことで、より質の高い内容・記述になります。さらに、大学などの教員や実習先の実習指導者の添削や指導を受けながらの修正においては、「コメント機能」が役立ちます。クラウドも併用しながらコメント機能を活用することで、複数の人が一つの文書に対してコメントを記載し、修正等によってコメントが必要でなくなれば削除することができるため、効率的に作業を進めることができます。

図6-2 クラウド（Microsoft OneDrive）で指導計画を同時に作業

Microsoft OneDriveを用いたファイルの共有

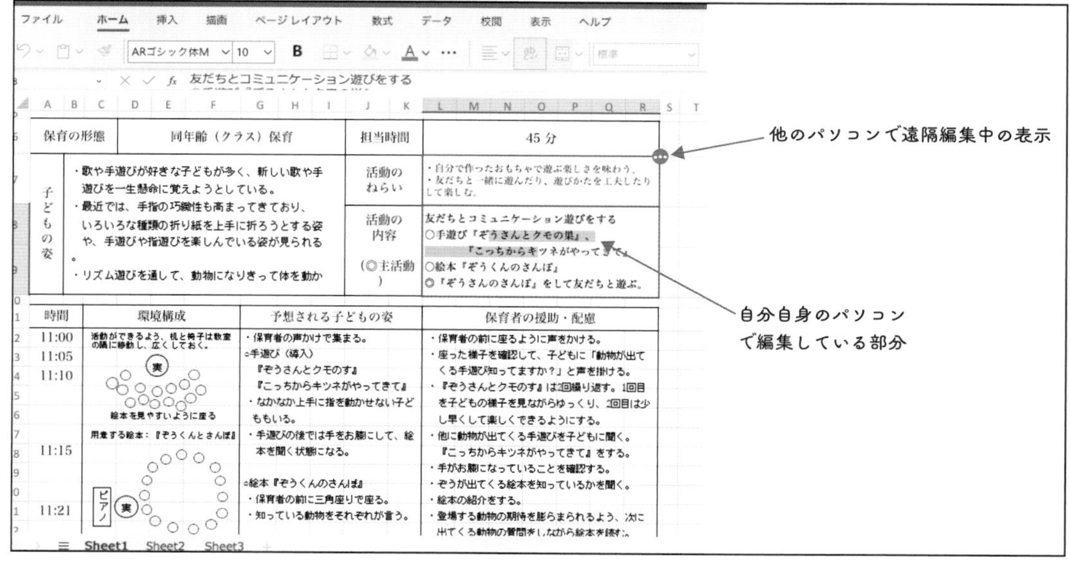

33 遊び・活動

レパートリーを増やすには？

実習生と日々現場で実践を重ねている保育者の大きな違いは、活動に関連する手遊びや歌遊びなどレパートリーの多さです。1年目の新人保育者は、大学・短期大学の最終学年の実習生と年齢も1年しか変わりませんが、実習生のもっているレパートリーの数はやはり雲泥の差があります。手遊びや歌遊び、折り紙などの製作活動、運動遊び、集団遊びなど、たくさんのレパートリーをもっているほど、子どもたちの状況に合わせながら臨機応変かつ柔軟に保育を展開していくことができます。

それでは、この差をどのように埋めればよいでしょうか。答えは単純です。たくさんの手遊びや歌遊び、製作活動、運動遊び、集団遊びを知ればよいのです。知る方法はたくさんあり、保育に関する書籍や参考書、雑誌でも数多く紹介されています。しかし、手遊びや歌遊びはメロディがあるため、書籍などではイメージがつかみづらいといった側面があります。

動画配信サイトを活用した手遊び・歌遊びの習得

手遊びや歌遊びを効果的に学ぶ機会を提供してくれるのは、インターネット上にある遊びなどを紹介するWebサイト、たとえばYouTubeなどの動画配信サイトです。もちろん、書籍や雑誌で勉強・習得することも大切ですが、Webサイトで公開されている動画を視聴することで、より具体的なイメージをつかみやすくなります。

ただし、保育においては、手遊びや歌遊びができてさえすればよいというわけではなく、何歳の子どもに向けて行うのか、どの時期・季節に適しているのか、それらの遊びをとおして子どもたちがどのようなことを知り、どのような育ちにつながるのかなどを併せて想像力を膨らませることも必要です。すべての情報をWebサイトや動画配信サイトに依存するのではなく、書籍や雑誌、さらには大学などでの授業によって得た情報とWebサイトや動画配信サイトからの情報を組み合わせながら、手遊びや歌遊びに関する知識や技術を総合的に高めていくことが大切です。

想像力を膨らませるためのICTの活用

保育で子どもたちに遊びや活動を提供する際に重要なことの一つとして、保育者がたくさんのアイデアや想像力をもっていることが挙げられます。保育者はたくさんのアイデアや想像力を駆使しながら、子どもたちの遊びや活動が楽しく、また子どもたちにとって興味深くなるように工夫することが大切です。

インターネットをはじめとしたICTの進化・発展により、世界中の空間的な距離を縮め、本来であれば見ることのできなかった人々や風景などを、写真や動画をとおして手軽に見たり接したりすることができるようになりました。今日では、日本各地にとどまらず世界各国の風習や文化など、さまざまな情報を手に入れることができます。

何もないところからは新しい発想は生まれません。保育者としてのアイデアや想像力を生み出すための「種」を見つける手段として、さまざまなWebサイトやInstagram（Meta）などのSNS（Social Networking Service）を活用することを意識してみてはいかがでしょうか。

34 リテラシー

リテラシーが求められる背景

リテラシーとは、もともと「読み書きの能力」を指す言葉ですが、現在では、「知識や能力を適切に活用する力」と解釈され、さまざまな場面で用いられるようになっています。たとえば、情報リテラシーやメディア・リテラシー、ネット・リテラシー、デジタル・リテラシー、そしてICTリテラシーなどといった言葉があります。なぜこれらのような言葉が生まれてきたのかを知ることが、リテラシーを理解するために大切です。

一時期頻繁に使用された「情報リテラシー」の場合、メディア、つまりテレビ番組やインターネットなどから得られる情報の特性を理解した上で、正しいもの、必要なものを主体的・適切に取捨選択して活用する力と表現できます。

この情報リテラシーが求められるようになった背景として、従来は情報を得る方法といえばテレビやラジオ、新聞、雑誌などが中心だった時代がありました。その後、情報化社会のインフラが整備・拡大されるに伴ってインターネットやSNSなど、情報を得る媒体が多様化し、結果として私たちの周りには膨大な情報が溢れ、そのなかから正しい情報・必要な情報を自分自身で判断し、活用する力が求められるようになりました。逆の視点からすれば、情報リテラシーを持ち合わせていなければ、間違いや嘘の情報を信じてしまい、惑わされ、場合によっては自分自身の誤った行動などに至ってしまうことになりかねません。

便利だからこそ正しく使う

このような背景や求められる知識・能力はICTにおいても同様です。ICTリテラシーという場合、「ICTを適切に活用する能力」と表現することができますが、単に「活用する」だけでなく、「適切に活用する」ことがとても重要になります。

現代のICT機器は非常に複雑化、多様化しています。たとえば、スマホのような一つの

ICT機器に複数のソフトウェアを導入することでありとあらゆることができてしまいます。世界中の人々と通話したり、メールやチャットでコミュニケーションをとることもできますし、撮影した写真や動画を送ったり、SNSで発信することもできます。生活のあらゆる場面にICTが浸透し、利活用しやすい環境が整うことで、生活上のさまざまな行為や活動が便利になります。そのことが私たちの生活をより豊かにすると信じています。しかし、忘れてはならないことは、便利だからこそ正しい使い方をしなければならないということ、そして正しい使い方をするための知識や倫理観を身につけることが必要だということです。

著者紹介

田中浩二 たなかこうじ

至誠館大学現代社会学部教授
社会福祉法人きずな のあ保育園園長
九州大学大学院医学系学府単位取得満期退学、博士（保健医療学）。専門は社会福祉学、医療統計学、乳幼児の発達や保育のあり方の研究および乳幼児の事故予防。
著書に『すぐに役立つ！ 保育の計画・記録・評価』（共著／フレーベル館）、『写真で学ぶ！ 保育現場のリスクマネジメント 保育わかばBOOKS』（中央法規出版）、『新・基本保育シリーズ 乳児保育Ⅰ・Ⅱ』（執筆／中央法規出版）、『保育者のための統計学入門』（共著／萌文書林）などがある。

実践に役立つ・業務の効率化につながる

保育現場のICT活用ガイド

2023年9月10日 発行

編著者	田中浩二
発行者	荘村明彦
発行所	中央法規出版株式会社 〒110-0016 東京都台東区台東3-29-1 中央法規ビル Tel 03（6387）3196 https://www.chuohoki.co.jp/
イラスト	killdisco
装幀・本文デザイン	相馬敬徳（rafters）
印刷・製本	株式会社アルキャスト

定価はカバーに表示してあります。
ISBN978-4-8058-8941-1

本書の内容に関する質問については、下記URLから「お問い合わせフォーム」にご入力いただきますようお願いいたします。
https://www.chuohoki.co.jp/contact/